100種

情緒控制

郭英 著｜京師心智 組編

方法

U0099821

Control Emotion in 100 Ways

萬里機構

前言

　　在競爭日趨激烈、生活節奏不斷加快的現代社會，無論是面對家庭，還是身處職場，我們似乎一直忙忙碌碌、緊緊張張，承受着各方面的壓力與誘惑。人生其實是殘酷而又現實的，沒有人會為你等待，也沒有機會肯為你停留，只有努力地向前奔跑，才能跟得上時代的腳步。

　　但是，話雖這樣說，每天要處理工作、生活、情感、學習等諸多剪不斷理還亂的瑣碎事務，心裏難免會累積一些負面情緒，不時出現一些令人鬱悶的小狀況。這其實是無可避免的，更沒有甚麼可怕的，生活裏有點曲折不也是很正常嗎？只要我們能夠理性看待，適度調節，這些都不過是生活裏的一些小插曲，很快就會過去。

　　《100 種情緒控制方法》是一本內容全面，實用性強的心理調節指導類讀物。在這本書裏，沒有浮誇的內容，也沒有華麗的辭藻，有的只是平實的案例、深入的剖析、細緻的講解，有的只是一些在心理調節方面簡單而有效的建議。當你在工作裏、在生活中，缺乏自信時、滿心焦慮時、社交遇阻時、愛情受挫時，不妨翻一翻這本書，找尋一些調節和緩解心理問題的實用方法，也許你就會重新注滿心靈力量，尋得新的靈感與啟迪。

目錄

Chapter3
停止抱怨的情緒調節法

Chapter4
遠離平庸的情緒調節法

Chapter5
戰勝負能量的情緒調節法

Chapter6
強化心靈力量的情緒調節法

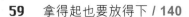

Chapter7
獲得自信的情緒調節法

Chapter8
消除焦慮的情緒調節法

Chapter 1

保持良好情緒的
情緒調節法

方法 01 一定要記得微笑

> 一位不幸的太太剛剛失去了她的丈夫。成為寡婦的她悲痛欲絕，常常睹物思人、悲泣到天明。夜晚，她一個人坐在黑暗裏，追思亡夫，暗自垂淚。忽然，她聽到了一陣敲門聲，開門一看，原來是隔壁鄰居家的小男孩。只見他閃着一雙大眼睛，笑意盈盈地問：「阿姨，剛剛停電了，請問你家有蠟燭嗎？」太太似乎被這笑容刺痛了眼睛，惡狠狠地對那孩子吼道：「沒有！」然後，「嘭」一聲摔上了房門。正要轉身離開時，外面又響起了微弱的敲門聲。她一把拽開門，訓斥的話正待出口，卻看見孩子高高地擎着雙手，掌心裏托着兩根蠟燭：「阿姨，看見這邊漆黑一片，就知道你家沒有蠟燭。媽媽怕你一個人住會害怕，特意讓我給你送來兩根。」孩子臉上依舊是那溫暖的笑容。霎時，女人感覺自己的心裏湧過一陣暖流，鼻子一酸，將那孩子緊緊地擁入懷中……

生活中，我們無時無刻不被情緒左右：吵架了，就「氣不打一處來」；捱罵了，就「我怎麼這麼倒霉」；沒趕上升職加薪，就牢騷滿腹；和男朋友分了手，就心碎欲絕……總是讓情緒牽着鼻子走，我們會被動又難受，不如做情緒的主人，不再讓不良情緒困住自己，欲罷不能。充分的自信、科學的方法會有效地調整和消弭負面情緒，為自己追求成功的道路鋪上身心健康的基石，讓笑容的陽光常駐於你我心中。

開懷大笑是消除精神壓力的最佳方法，能夠改變自我認知，使人保持良好情緒。**只有臉上充滿笑容的人，才能對工作充滿熱情、對生活充滿信心。**

常言道：「怒傷肝、悲傷心、思傷脾、憂傷肺、恐傷腎。」不良情緒就像一柄利刃，既刺傷了別人，也損害了自己。心理學家認為，不良情緒對於 21 世紀的人來說，更甚於 19 世紀的肺病與 20 世紀的癌症。因此，產生不良情緒後，我們一定要努力化解，微笑應對。火冒三丈時，告訴自己「沉住氣，發火只會讓事情更糟糕」；愁緒難平時，提醒自己「愁也沒有用，還是想個解決辦法更要緊」；傷心欲絕時，安慰自己「身體最重要，況且再傷心也於事無補」……想想快樂的事情和任性的後果，讓自己笑起來，由「假裝」的高興變成真心的笑容。

俄國作家車爾尼雪夫斯基說過：「既然太陽上也有黑點，人世間的事情就更不可能沒有缺陷。」而人生的趣味，就在於它既有失敗的痛苦，又有成功的喜悅，遇到逆境，恰好證明了自己生命的完整。當代著名學者周國平說：「幽默是心靈的微笑。最深刻的幽默是一顆受了致命傷的心靈發出的微笑。」所以，一定要記得微笑。努力讓嘴角上揚，在心底給自己加油打氣：笑對挫折，我能行！

不要把自己關在門裏

　　人活一世，每個人都有疲憊的時候，都有脆弱的一面，多多少少都存在心灰意懶的瞬間。每到這時，人總會愁緒滿懷、思慮萬千，覺得自己厭倦了世間的喧囂吵鬧，孤單又可憐，只嘆這漫漫人生路，不知接下來又當何去何從。人自出世以來，就被迫認識了煩惱，每天一睜開眼睛，就會撞見煩惱。雖然我們總是急於將煩惱甩掉，但它偏偏不離不棄，如影隨形。對此，我們大多表現得驚慌失措、悶悶不樂，要麼把自己關起來，誰也不理；要麼把不快的情緒發洩到別人身上，傷人傷己……而這種狀態的長期延續會打破人的心理平衡，成了癌症、高血壓、冠心病、胃炎、胃潰瘍等疾病的「溫床」。壞心情是一種最惡劣的「傳染病」，會極迅速地傳染給身邊的每一個人，甚至是擦肩而過的陌生人。其實，快樂和煩惱就像一對孿生兄弟，始終緊緊跟隨。有些人正興高采烈的，會突然轉念，心情一落千丈；還有些人在苦難中絕處逢生，偏偏從煩惱之中硬硬地挺直了腰桿，勇敢地笑出聲來。

　　人都會有情緒，喜怒哀樂就如同家常便飯，誰都免不了被煩惱糾纏，或多或少為一些瑣事而心煩意亂。即使如此，我們還是得努力生活，等來下一輪的雨過天晴，因為我們還有父母的牽掛、伴侶的關切、朋友的關心；縱使我們甚麼都沒有，只要還活着，煩惱就是我們不可或缺的一部分。既然如此，就再沒甚麼可以糾結的了；當心中陰雲密佈的時候，及時採取適當的方式，安撫和緩解心情，讓自己盡快從消沉之中走出來。你可從以下三方面著手。

⊖ 找出情緒不佳的原因

當你覺得悶悶不樂、憂心忡忡，甚至心煩意亂時，不要聽之任之、任其發展泛濫，而要冷靜下來，振作一點。不妨問一問自己：我為甚麼這麼不開心？是與別人發生了誤會，還是覺得自己做錯了事情？問題的根本原因和癥結究竟在哪裏？我又當如何應對……這種理性的思考，能幫助我們掙脫感情的旋渦，梳理好思緒與心態。有時，我們會說不清、道不明地鬱悶起來，也找不出甚麼具體原因，那你很有可能正處於情緒週期的「低潮期」或「平台期」，也可能是受到了天氣、環境、睡眠質量、旁人的言行等因素的影響，過一段時間自然就好了。

⊖ 通過書寫的方式記下自己的想法與感受

心情不好時，可以將亂麻樣的情緒以日記或博客的形式記錄下來，這個書寫的過程無疑就是一種自我緩解。瑞士心理治療專家曾提出過一種舒壓方法：給自己 20 分鐘的時間來書寫負面情緒。將你的憤怒、悲傷、自責與孤單等，毫無保留地寫下，然後封存進一個盒子裏。這樣一來，不良情緒就在時間（20 分鐘）和空間（盒子）上都被你設了限，這對於情緒的調節具有極大的心理暗示意義。陷入壞情緒時，不妨試着用這種方法傾訴。

⊖ 讓自己忙碌起來

負面情緒爆發時，最忌諱把自己關在屋子裏，一遍遍地回想那些煩心事，甚至連綿不斷地牽扯出更多的陳年舊事。與其讓痛苦與悔恨推來拉去地吞噬着你的心，不如放手去做一些能讓自己快樂起來的事，適當地宣洩情緒，轉移注意力。看部喜劇、聽聽音樂，這是最不費力氣的排遣方式，那些滑稽的語言動作、優美紓緩的旋律

能夠讓自己很快放鬆下來；外出散心，可以閒庭信步，略微舒展一下身體，也可以安排一次短途旅行，煙跟偶遇的路人閒聊幾句，新鮮的人與事物，會為你帶來不同的心境；吃吃喝喝，只要不是暴飲暴食，索性沿着街巷一路走下去，喝杯清茶、吃點甜品、曬曬太陽、放空自己，再緊張的情緒也會慢慢散去；聚會娛樂，約上幾個朋友，能傾訴的聊上一聊，餐廳裏侃山吹牛，這樣痛快地發洩一下，心情自然會舒暢起來。

傳說因紐特人化解負面情緒的方法是：在冰天雪地裏不回頭地向前走，直到感覺情緒緩和下來，再回過頭去望望起點，丈量這個壞情緒的長度。**我們無法杜絕壞情緒的出現，但可以努力地將它的長度縮短一點，再縮短一點！**面對逆境，我們要以豁達、從容的心態淡然處之。因為一個人，只有經得起生活的詆毀，才經得起生活的讚美；只有經得起生活的摔打，才經得起生活的饋贈和美譽。

控制自己的慾望

慾望就像一匹脱韁的烈馬，要想更好地駕馭，人心裏必須擁有理性與智慧；慾望就像一棵無法除根的樹，只要經常修剪，也會形成一抹艷陽下的陰涼。「人是慾望的產物，生命是慾望的延續。」正是有了溝通的慾望，人類才發明了語言；正是有了探險的慾望，哥倫布才發現了新大陸；正是有了飛翔的慾望，地上的人才得以翱翔碧空；正是有了依賴的慾望，孤獨的人才組成家庭、構成整個社會。從客觀上講，人的慾望有生理的，也有心理的，有複雜的，也有簡單的，有原始的，也有高級的，物慾、食慾、情慾、表現慾、求知慾……我們前進的每一步都是源於對慾望的不斷追逐，有了慾望才有了這個多姿多彩的世界。追求學習上的進步、工作上的成績、生活上的幸福，這些都是正當的慾望，應該得到滿足；但有些人一味地追求金錢、名利、美色，沉湎腐朽，慾壑難填，這就是邪惡的慾望，必須嚴加規範與約束。如果説滿足正常的慾望，是人類進步的表現，那麼控制邪惡的慾望，更是人倫文明的要求。

⊖ 保持理智，警惕自己的慾望

經常審視自己的生活，反省自己是否正被慾望所控制。你有沒有一時沉迷於某種網絡遊戲，整日茶不思飯不想？你有沒有沉醉於那些路上的風景，不顧歸期將至，只求享受停不下來的旅行？你有沒有執着於一次無果的愛情，將親人的苦口婆心統統拋在腦後？你有沒有不甘於一場未能晉級的評比，妒忌的眼神只盯緊了講台上那

侃侃而談的身影……我們似乎常常會被自己的慾望支配，做一些傷人害己的傻事情。所以，在生活被慾望搞得一塌糊塗之前，我們必須理性思索、平復心情，把自己的慾望控制在合理的尺度上。

⊝ 端正心態，正視自己的慾望

　　現實生活中，我們總是好高騖遠、急功近利，這山望着那山高，急於將財富、權力和榮譽全都握在手中。但它們往往會成為生命中不能承受之重，即使早早地得到，也會偷偷地溜走。「急，是因為弱者思維。」不要貪戀太多自己尚且承載不起的東西，生活的路需要一步步走，總有一天，你定能穩穩地悉數摘取那些榮譽。當然，追求權力、榮譽、財富並沒有錯，關鍵是要調整好心態，不可操之過急。務實基礎，打好根基，從低處做起，從小處做起。要有大海廣納百川，卻不棄涓流細滴的情懷，追求漫長的累積，擁抱持久的成功。

⊝ 提高能力，平衡自己的慾望

　　很多人能力平平，慾望卻無止境，眼看着別人少年得志，不禁埋怨自己生不逢時，損害了心理健康，滋生了負面情緒。最佳的解決之道是不懈學習，追求進步，努力充實，完善自己。根扎得夠深，站得就夠高，當然就看得見更遠的風景。同時，還要學會抑制和釋放過多的慾望，給自己找一個宣洩的出口：瑜伽、音樂、旅行、看書、睡覺……根據自身實際選擇一種適當的表達方式，調節情緒、緩解壓力、養身養心、消弭過分的貪慾。

　　愛爾蘭劇作家蕭伯納說：「生活中有兩個悲劇：一個是你的慾望得不到滿足；另一個則是你的慾望得到了滿足。」我們不能喪失慾望，也不能放縱慾望，必須正確對待生命中的慾望，把握好尺度。不要放任慾望漫無邊際地瘋長，做慾望的主人，主宰自己的人生。

不去想
不如意的事

"

有一對好朋友吉伯和馬沙，在當地嚮導的帶領下到阿拉伯徒步旅行。途經一處山谷時，馬沙失足踩空，差點跌入谷底，吉伯緊緊地抓住他的手，最終使他脫離險境。於是，馬沙在附近的大石頭上刻了一行字：「某年某月某日，吉伯救了馬沙一命。」

幾天後，三人行至河邊，吉伯和馬沙拌起嘴來，在盛怒之下吉伯打了馬沙一個耳光。馬沙又跑到一旁的沙灘上寫下一行字：「某年某月某日，吉伯抽了馬沙一耳光。」

嚮導好奇地詢問馬沙，為甚麼把吉伯救他的事情刻在石頭上，卻將吉伯打他的事情寫在沙灘上？馬沙笑着回答：「刻在石上，我會永遠記住吉伯救過我這件事，而他打我的事情，則會在我的腦海中像沙灘上的字跡一樣很快消失。」

"

忘記是一種選擇，也是一種智慧，沒有人能夠背負着生命中的每一次喜怒哀樂踽踽而行。牢記那些不該忘懷的，淡忘那些不如意的，活出一個真實的自己，這才是做人的本分。

在為朋友、親人祝福的時候，我們常會說到「萬事如意」四個字。這當然不是奢望他真的能一生順順利利，畢竟沒人能夠面面俱到，事事週全圓滿，我們只是願他能少受些不如意的困擾，眼中只看到幸福的事，心裏充滿喜樂感恩。人生不如意事十之八九，失意、苦痛常會不期而至，煎熬着我們的心。孟子曰：「天將降大任於斯人也，必先苦其心志，勞其筋骨，餓其體膚，空乏其身，行拂

亂其所為，所以動心忍性，曾益其所不能。」愛迪生飽嘗了幾千次失敗最終發明了電燈泡；司馬遷經受宮刑和牢獄之災方寫就貫通古今的巨著《史記》；比爾·蓋茨從哈佛大學退學後幾番艱苦創業始成世界首富；華羅庚因家貧中斷學業後憑藉刻苦自學躋身世界最有影響的數學家行列……大挫折造就大作為、大磨難孕育大成就。如果只顧着權衡得失、舔舐傷口，如何才能百煉成鋼？

每個生命的起點和終點都是相同的，區別在於中間那一段或長或短的旅程。人這一生，即使短暫徘徊，終要看淡艱難坎坷，有所為有所不為，有所求有所不求。羅曼·羅蘭說：「纍纍的創傷，就是生命給你的最好東西，因為在每個創傷上面都標志着前進的一步。」永遠不要向生命中的不如意低頭，在與它不期而遇時，坦然地一笑而過，再不回頭。不妨將那些不如意事統統拋之腦後，「常思一二，不想八九」。

⊖ 轉移你的視線，尋找新的關注點

讀書、運動、學習、旅行……找一些自己感興趣的事，投入你全部的注意力，並從中獲得愉悅感。如果你曾經深愛一個人，如今卻必須忘記，那就不要再保留任何與他有關的東西，扔掉照片、刪除短訊，將他從你的生活中抹去。不去回憶，也不再尋覓，既然要忘，索性忘得徹底。即使在不經意間又想起了他，也不要放任自己沉溺，努力讓身體動起來，讓手頭忙起來，讓大腦填滿別的東西，要在心底不停暗示自己：我現在很忙，一切都等忙完了再說。

⊖ 改變環境,改善心境

　　人總是愛觸景生情,一次相似的經歷、一條熟悉的街道,都會喚起你本來藏好的回憶。索性換個生活環境:重新佈置一下房間、換一家不同的公司、走一段新的路……告訴自己我已經重新開始,我可以淡忘往事、擺脫痛苦。努力讓自己更加開朗樂觀。樂觀,會使你更有魅力,培養你的好人緣,耳邊一直縈繞着歡聲笑語,根本就沒有時間去掏空回憶;樂觀,會讓你的思路更開闊,心態更開放,生命裏本就沒有甚麼真的難以接受,沒人本該一生背負着瑣碎與苦悶。

⊖ 走入人群,站在眾人的身邊

　　苦難和不如意並非誰的專屬,順境逆境都是人生。失落和疼痛也許很難刻意忘掉,但淡漠了傷痛,超越了痛苦,我們才能進步,我們才會成熟。不要在暗夜裏獨自飲泣,一個人承受寂寞孤獨,走到眾人中間,可以談天說地,也可以傾訴交心。如此,你獲得的將不只是別人的同情、安慰與開導,也許還有對於生命的敬畏與頓悟。

　　世間百態,既有看透人生的智者,亦有醉心紅塵的愚人。**有人說,人生就像一場馬拉松,獲勝的關鍵不在於瞬間爆發,而在於途中的堅持。**你縱有千百個理由放棄,也要給自己找一個堅持下去的理由。不要只盯着生命中的不如意,很多時候,想要成功就得再苦再累,也要多堅持一分鐘。

換一種視角看問題

> 一個週六的早晨，牧師在家裏準備明天講道的內容。小兒子約翰卻一直在身旁哭鬧不休。牧師被煩得受不了，隨手撕下舊雜誌中的一頁——那是一幅世界地圖。將地圖撕成碎片後，他對約翰說：「你要是能在一個小時之內拼好這張地圖，我就陪你出去玩。」10分鐘後，約翰推門走進來，手裏拿着重新黏好的世界地圖。察覺到牧師驚愕的目光，約翰狡獪地說：「其實很簡單，在地圖的背面是一個人的照片。我先拼這個人的照片，然後翻過來就可以了。如果這個人拼得是正確的，那麼，背面的世界地圖就是正確的。」牧師微笑着拉起兒子的手：「謝謝你替我準備好了明天的講道——如果一個人是正確的，他的世界也會是正確的。」

現實生活中，看問題的角度常常影響着我們對某個事物的看法，甚至決定着自己對整個世界的結論。**一個人的思想和心理往往支配着他的行為與生活。**無緣無故被上司罵、沒頭沒腦被老婆數落一頓、老師又打來電話抱怨孩子不好好學習……遇到這些煩心事，你說氣不氣？無論是在工作上還是生活裏，每個人似乎都有着數不清的煩惱。但從客觀上講，事物都具有兩面性，無所謂好壞。真正困擾和煎熬着你的，並不是某件事情本身，而是你對其所進行的解讀與定性。當我們先入為主地傾注了自己的好惡和判斷之後，便會相應衍生出形形色色的痛苦、煩惱、窘迫與無助。

　　疲憊時，可以放下重擔，歇一歇腳步；壓抑時，可以放鬆下身心，容自己放縱一次；困惑時，允許自己有短暫的軟弱和猶疑；自卑時，允許自己誇誇其談，自吹自擂一次……生命本就不該一成不變，高高低低、起起伏伏才是最真實的人生。在遇到逆境時，學會換位思考，不讓自己在自怨自艾中愈走愈遠，愈來愈迷茫。人心正確，世界才會正確；人心簡單，世界才能簡單。你可以鬱悶、可以抱怨、可以糾結、可以困擾，但別讓自己一直鑽進死胡同，為那些不如意一直鬱鬱寡歡。你無法選擇你的上司，更無法選擇你的出身，但你可以選擇一個正確的視角，選擇如何做自己：一個嚴格苛刻的上司，會使你的能力得到更快、更全面的提升與歷練；夫妻間有矛盾，總比日子平淡連架都吵不起來要好；升職輪不上你，說明你一定還不夠努力；孩子做錯事，只是因為他太小，伴隨着長大就會慢慢知道……

　　沒有絕對公平的命運，沒有絕對平坦的人生。凡事多往好的方面想一想，你才能知足常樂，心中才會豁然開朗。正如一位哲人所說：「生命的完整，在於寬容、容忍、等待和愛，如果沒有這些，即使你擁有了一切，也是虛無。」

　　米蘭‧昆德拉說，我們經歷着生活中突然降臨的一切，毫無防備，就像演員進入綵排。如果生活中的第一次綵排便是生活本身，那生活有甚麼價值呢？毫無防備地經歷突然降臨的一切，正是生活本身，而生命的意義就在於享受那突然降臨的點點滴滴，包括其中的曲折平坦、甜酸苦辣。生命就像一杯白開水，着急就燙嘴！我們應當全身心地投入生活賦予各自的角色，在順境中謹慎，在逆境中感恩，以樂觀、寬容的心態正視現實，心存喜樂，遠離悲憤。換一種視角看世界，世界就會因你而不同！

給自己積極的暗示

　　心理學家認為，人的行為取決於人的情緒，而人的情緒則源於自身的想法、態度和價值。真正引發種種心理情緒的，不是我們在生活中遇到的事情本身，而是我們對於這些事情的主觀看法。積極的人，就像太陽，照到哪裏哪裏亮；消極的人，就像月亮，初一十五不一樣。想法幾乎決定着我們的生活，有甚麼樣的想法，就有甚麼樣的未來。借用一句廣告語：心有多大，世界就有多大；心有多遠，你就能走多遠。

　　「橫看成嶺側成峰，遠近高低各不同。」自然界存在很多眼界決定世界的現象，在社會生活中更是如此。對於一個難題，你冥思苦想，不得其門而入；但如若你一直堅信自己能夠做到，在心底不斷地進行積極的暗示，一遍遍地耐心嘗試，從不氣餒逃避，那麼，總會有撥雲見日、水落石出的一天。這就是積極暗示的力量，它往往能夠令人在不懈堅持中豁然開朗，一次又一次地見證「山重水複疑無路，柳暗花明又一村」的奇蹟。心理學家總結了以下三點：

⊖ 認清自己，找準定位

　　積極的暗示能夠幫助我們強化自信、提高動力、增添勇氣，與此同時，我們也要警惕盲目樂觀帶來的自我膨脹與不切實際。劉心武說：「不要指望，麻雀會飛得很高；高處的天空，那是鷹的領地。」麻雀如果擺正了自己的位置，照樣會過得很幸福！所以，對於一個人來說，準確進行自我定位非常重要。這就需要我們對自身

優缺點、擅長領域與盲區進行系統的審視與自省，真正了解和認識自己。

樹立目標，放寬心胸

　　深刻地剖析和審視自己後，我們就可以進一步明確前進的方向與階段性的目標。制定合理可行的人生目標，正是邁向成功的第一步。有了科學的目標，我們才能撥開遮眼的雲煙與迷霧，準確地向着下一個人生高地發起衝鋒。當然，積極向上的自我暗示並不是教導我們一味糾纏、不知捨棄。有捨有得，才是人生，背負着沉重包袱的人，無力走完命運的征程。正如莎士比亞所說，再好的東西，也有失去的一天；再深的記憶，也有淡忘的一天；再愛的人，也有遠走的一天；再美的夢，也有甦醒的一天。該放棄的決不挽留。

盡量運用積極的字眼與語氣

　　「好言一句三冬暖，惡語傷人六月寒」，語言的暗示作用是不容小覷的。心理學實驗證明，消極表述會影響人腦中控制情感的這部分神經結構，使其分泌壓力激素，從而使人的情緒愈發煩躁和焦慮，破壞對自己的信任和與別人的溝通交流。可見，使用消極的語氣和字眼不但會影響自我進步，令自己心浮氣躁，還會給身邊的人留下不好的印象，甚至造成誤解與偏見。因此，我們在學習和生活中，應努力避免消極暗示，盡量使用積極正面的詞彙和語言。多說「我能行」，少說「我不敢」。

　　其實，通往成功的門並沒有想像中那樣難以打開，很多人缺少的恰恰是那最後一分鐘的堅持。一定要有「咬定青山不放鬆」的精神和毅力，多鼓勵自己，多充實自己，給自己積極的心理暗示，這就是開啓成功之門最為關鍵的一把鑰匙。

方法 07　為失敗找一個理由

> 時下，社會上出現了這樣一種現象，遇到了甚麼挫折失敗，人們總會半真半假地說上一句：「沒辦法，人品問題！」多數人明白這是一句玩笑話，不過一笑了之；可偏偏就有那麼一小撮人，遇見甚麼不順就亂找藉口，怨天尤人：自己沒能晉升，就埋怨爸媽沒權沒勢、非富非貴；同事升職加薪，就嘲諷人家靠送禮、媚上欺下；女友與他分手，就抨擊人家無情無義、盲目拜金。這些人永遠主觀地定斷一切，而不肯認真地找找失敗的真正原因。還有一類人，則更悲觀，一旦有了甚麼過失，全都攬到自己身上：「這件事都賴我」、「都是我沒本事」……但這些並不是出於自謙，而是他們心裏真實的想法，這樣貶低和看輕自己，無疑是一件極悲哀的事情。

世事如棋，勝負難料。失敗了，就冷靜客觀地分析原因，理性高效地汲取經驗，允許自己有短暫的消沉，但總得重整旗鼓，再戰征程。如果你只是胡亂找一些藉口，甚至全都歸於自己的平庸無能，那麼，怎樣才能重新站起來？怎樣才能繼續向前走？就要留意以下三個重點。

⊖ 實事求是，承認自己的失敗

勝敗乃兵家常事。失敗就是失敗，你首先必須敢於承認。有人做錯了事，最常用的托詞是：很多人都會這樣做，而我不過是比較倒霉被人發現了而已。此時，你當鄙視自己那顆不誠實的心。正如

紀伯倫在名為《我曾七次鄙視自己的靈魂》的詩歌中寫道：「……第三次，在困難和容易之間，它選擇了容易；第四次，它犯了錯，卻藉由別人也會犯錯來寬慰自己……第七次，它側身於生活的污泥中，雖不甘心，卻又畏首畏尾。」真正偉大的人都是熬出來的，再聰明、再高尚的人，都無法避開失敗。承認失敗，是一個人面對自己的勇敢表現；承認失敗，你就首先征服了自己；承認失敗，不會影響自身形象，反而是我們尊重客觀、尊重自己的最佳體現；承認失敗，反而證明了你的心胸坦蕩，你的敢作敢當。

⊖ 深入剖析，還原事情的始末

失敗後難免會有情緒的低落，這是人之常情。但當你略微冷靜下來，就該認真反省，從頭到尾回憶並還原整件事情，看看失敗到底始於哪一步、到底是哪個環節出錯才導致了最終的偏離和失敗。如此，你才能更加細緻入微地洞察一切，胸有成竹地規劃下一次嘗試的具體步驟與流程。

⊖ 提煉總結，探求失敗的緣由

找到了造成失敗的環節，你就能更精準地給出導致失敗的原因。經一事長一智後的你，開始學會在腦海中標注出安全的路徑與規避的雷區。此後，你就可以轉變策略，改進方案，依據既往的經驗教訓，有的放矢地排兵佈陣，科學合理地有所為有所不為。失敗本身並不可怕，可怕的是在失敗後仍舊懵懵懂懂。「知人者智，自知者明」，從失敗中頻頻起身的人，必將再無畏懼。

萬事有因才有果。為失敗好好地找一個理由，你才不會在同一個地方栽第二次跟頭。

告訴自己要保持冷靜

人這種動物，似乎總是感性多於理性。往往嘴快過大腦，手快過思考，一場毫無體面可言的破口大罵，甚至拳腳撕打就此展開。過後當然會後悔，但事已至此也只能強撐着面子，不肯説甚麼悔不當初。那麼，我們該怎樣讓自己保持冷靜，將爭吵扼殺在萌芽之中呢？

⊖ 加強對「衝動是魔鬼」的認識

充分意識到壞脾氣的危害。在社會生活中，我們每天都要與他人進行交往與溝通，壞脾氣的人總是受到衝動的慫恿，不管不顧地發火，自然很難得到其他人的理解、讚賞與合作。你可能因為衝動失掉很多寶貴的機會，被朋友疏遠誤解，你會感到孤單、寂寞、寸步難行。此時，你才會經一事長一智，從內心深處警惕和告誡自己「衝動是魔鬼」的真理。

⊖ 要提升思想修養，加強情商修煉

人的脾氣與人的性格有關，而人的性格又與德行和修養有關。壞脾氣説到底還是涵養不夠，情商太低。而提高涵養絕不是一朝一夕的事，是要靠自我昇華、靠眼界閱歷、靠人情練達一點一滴累積起來的。高情商的人更是要先關愛別人，尊重別人，把自己放低，才會對其他人充滿溫情、體貼與憐惜。這些都需要長年累月地修身養性、自我完善才能逐一做到。

⊝ 要有應急手段與輔助方法

　　既然改掉壞脾氣不是一天兩天的事，那就需要我們有必勝的決心和百折不撓的毅力；同時，還要輔以科學有效的方法。一項心理學研究表明，焦慮煩躁的人每天拿出 10 分鐘時間練習靜坐，有意識地調節呼吸和心跳，使自己的心跳頻率逐漸放緩。10 週後，其心理緊張的症狀會大大減輕。此外，按摩對於靜心凝神也非常有效，在按摩時摒除雜念、靜心冥想能夠在一定程度上平衡內心、減少焦慮。在心中不快或者與人意見相左時，我們就可以採用「自我辯論法」，在心中不斷地反駁、勸解和說服自己。也可以採用「數數法」，及時進行默數：「1、4、7、10、13……」充分活絡大腦的理性中樞，激發其他理性想法。又或者用「走為上法」，留給自己一個自我反省、自我覺察的時間，及早遠離是非之地。

　　保持冷靜，幾乎是情緒管理中最重要的一課。在情緒波動的時候，一定要及時告訴自己保持冷靜。只有練就了這項本領，你才能成功擺脫負面情緒的魔掌，做最好的自己；回歸理性，不打擾平和的心境。

對困難進行分解

在我們的生活中，也許不會有這樣驚心動魄、萬眾矚目的瞬間。但困難和挫折肯定是有的，有時是一點小問題，動動手就能解決；有時卻會遇見巨大的困難，像高山一樣矗立於前。此時，你遲疑、退縮、怨天尤人，該發的脾氣一一發過，**但人總不能被困難嚇破了膽，被猶疑絆住了腳步不敢向前。**這時，我們就要堅強一點，勇敢一點，把看似無處下嘴的困難一點一點地切碎、嚼爛。

首先，正確認識並預估困難。要分解困難，必須先對其有一個準確、客觀的認識。估算一下艱巨程度，對當前形勢進行一次預判。如果經過客觀分析後，你認為自己絕對不可能獨立完成這項任務，解決這個難題，那就應及時調整策略，在腦海中搜尋你將要求助的人，以及期望對方從哪些方面為你提供幫助；如果感覺可以挑戰一下自己，試着全力以赴、排除困難，就不妨放手一搏、拼盡全力；如果認為這的確是一座不可逾愈的高山，還有別的迂迴方法更加現實，那也不要礙於面子，不肯回轉，及時掉頭才能更快地抵達彼岸。

其次，合理規劃近、遠期目標。一旦決定了要向困難發起挑戰，就要根據實際情況制訂詳盡的規劃，區分事情的輕重緩急，將整個大的任務分解成或大或小的具體目標。此時必須注意，目標要由易到難，呈階梯狀分佈，不要一開始就是最難的一步，那很有可能會令整個計劃擱淺。

最後，嚴格依照計劃貫徹執行。遠近規劃制訂以後，就只剩下實實在在的行動了。計劃再周密，沒有高效的行動，一切都是空談。深一腳淺一腳地摸索前進，肯定會煎熬得人身心俱疲，甚至會令人無數次想要放棄。告訴自己咬緊牙關，堅持到最後一秒，你就能看見勝利的彼岸。

朱德庸說：「以前想着如果有一雙好靴、一把吉他、一口皮箱就去全世界流浪，現在有了靴子、吉他、皮箱，卻連巷口的雜貨店都懶得去。」這就在提醒我們，永遠不要坐等一切條件都齊備了再起身，可以先把困難分解，壓力就會銳減。我們先不提聽起來很唬人的全世界流浪，不妨把這個大的目標分解成小小的願望，可以去不遠處走一走，就在你讀到這段話的時候。

你總有一個閃光點

愛默生說：「自信是成功的第一秘訣。」每個人都有缺點，也有優點。幼年時，我們初生牛犢不怕虎，小手裏不停地搗鼓，認為自己長大後一定能夠成為改變世界的偉人；可長大後，我們開始對各種權威屈服，總是把自己放到一個最不起眼的角落裏。我們童年時那種探索的慾望和愈挫愈勇的雄心呢？我們童年時那種敢闖敢試的勇氣和上下求索的精神呢？是誰將那樣閃閃發光的我們偷走，換成現在這個猶疑畏縮的自己？站起來吧！沒有人真的一無是處，也沒有人真的毫無缺點。人這一輩子，本來已經活得很辛苦，何必還要自我壓抑、自我嫌棄、自我貶低，將自己低到塵土裏。如果連你都不愛自己，那麼還能奢望誰會一直在身邊愛你。也許你不懂人情練達，但你真實溫暖；也許你不算能言善辯，但你踏實肯幹；也許你不會噓寒問暖，但你總是默默地雪中送炭；也許你不善吹噓炫耀，但你的生活盡享平靜圓滿。

整個人類社會就像一部重型機器，每個社會成員都是其中的零部件。有上面的操作台，也有下面的承重底座；有不起眼的螺絲釘，也有成片的流水線。無論你在哪個崗位發光發熱，都是這個社會的一部分，都在努力促成整個社會的和諧運轉。**沒有人是無足輕重的，尤其是對於你的家人、朋友還有你自己。**在家人眼中，你是唯一的，你是父母的希望，是兄弟姐妹的陪伴；在朋友眼中，你是唯一的，也許你靦腆寡言，但笑起來有着春天般的溫暖；在你自己眼中，你更是唯一的，你有放縱也有自省，有懦弱也有擔當，有膽怯

也有勇敢，有自私也有善良，你也許平凡，但對於這只有一次的生命，你終歸是它唯一的主宰，唯願它活得坦蕩、活得安詳。

不驕不餒，不卑不亢，認真快樂地生活；感悟生活，體驗生活，創建自己的生活！相信自己，倚靠自己，如此，你眼前的世界會愈來愈開闊，你也定能擁抱別樣精彩的人生。

Chapter 2

緩解壓力的
情緒調節法

通過冥想可以緩解壓力

在這裏，我們來認識一個再簡單不過的減壓方法——正念冥想。正念冥想是 20 世紀 70 年代在發達國家風行的一種技術。所謂正念冥想其實很簡單，就是發呆、放空，給大腦放個假，讓心思空無一物、甚麼都不想。心理學上認為，冥想屬一種心靈自律行為，是實現「入定」的重要途徑。冥想時，一切知性、理性的大腦皮質作用被迫中止，從而令自主神經呈現出異常活絡的狀態。這種時候，因為大腦叫停了意識對外的一切活動，所以人就相應達到了一種「忘我」，甚至「無我」的境界。

美國卡耐基梅隆大學的研究人員進行過一次為期 3 天的心理學實驗，證明了短暫的正念冥想練習在緩解心理壓力方面確實能產生作用。研究人員招募了 66 名處於 18 歲到 30 歲之間的健康人士，並將他們隨機分成了兩個不同的測試組。第一組稱為冥想組，他們均經歷了每天 25 分鐘，共計 3 天的短暫正念冥想；而第二組稱為認知組，他們均完成了為期 3 天的認知訓練計劃，通過對詩歌進行批判性分析來提高解決問題的能力。最後，兩組人士都要接受相應的壓力數學和壓力語言測試，並為皮質醇（被稱為「壓力荷爾蒙」）測量提供了唾液樣本。實驗結果顯示，冥想組被試的壓力值明顯低於認知組的人士，而前者皮質醇的反應性比後者更小。

因此，心理學家認為，冥想使呼吸放慢，心臟也隨之減慢跳動節奏，而心跳頻率的降低會改變腦部供血，從而實現對情緒的影響。在長期訓練下，正念冥想會變得更加自動、簡單，從而大大減

少皮質醇的反應性，明顯降低心理壓力。

如今，正念冥想已經在追求心理健康的人群中成為一種時尚，被眾人讚為「很簡單的動作，很不可思議的效果」。每天冥想 10 分鐘到 25 分鐘，就能讓身心歸零，疲憊和壓力全都不見，是不是很誘人呢？那麼，接下來就讓我們學習一下具體的操作方法吧！

首先，選擇一個無人打擾的時間和地點，保持上身直立的坐姿，同時盡可能地放鬆脖子、雙肩乃至全身肌肉。也可以採用靜立或靜臥的姿勢。

其次，閉上雙眼，告訴自己你很輕鬆。將注意力集中在自己的呼吸上，深呼吸到腹部後再呼出；可以採用計數法，從 1 到 10 反覆循環，於每次呼氣時默數；也可以選擇一個身體部位，努力調節呼吸，把意念集中於此處。

最後，冥想過程結束，呼氣，慢慢睜開雙眼，緩緩地從座位上起身。

值得注意的是，對於初試者來說，不要過分苛求時間的長短，5 至 10 分鐘便已足夠。關鍵在於持之以恆——在固定的時間裏坐下來，閉目養神，調整呼吸。

當然，正念冥想也沒有那麼神奇。它只是幫助人們進入「入定」的狀態，抵達內心的寧靜，從而起到緩解壓力、改善情緒的效果。要知道，再微小的壓力不斷堆砌下去也可能引發嚴重的問題。**所以，當你感到壓力很大、心情不好的時候，不妨試着練習一下正念冥想，趕走給人困擾的壓力，讓生活重歸美好。**

進行適當的呼吸訓練

人每時每刻都在呼吸，呼吸一停止人馬上就會死亡，一呼一吸對於我們來說，實在是再自然不過的事了。然而，據美國一項最新的健康調查顯示：在城市人口中，至少有 50% 的人所採用的呼吸方式不正確。大部分人都只靠淺呼吸（胸式呼吸）過活，而從氣體交換效率的角度來看，深而慢的呼吸明顯要比急而快的呼吸更為有效。那麼問題來了，你真的確定自己會呼吸嗎？告訴大家一個自我檢測的小方法，如果你在吸氣時胸腹部收緊，呼氣時反而胸腹部鼓起，這就説明你的呼吸方式有錯誤。

你可知道，呼吸不僅維持着我們的生命，還影響着人的生理代謝、能量供給、心理情緒等諸多健康指數。正確的呼吸可以放鬆身心、緩解焦慮、安神益智，有效紓緩疲勞、便秘、壓力性頭痛等身心症狀；而過於短淺、急促的呼吸，則會因每次換氣量過小，造成人體缺氧、通氣不足、二氧化碳體內堆積，甚至引起胸悶、失眠、腰酸背痛、頭暈乏力等疾病與亞健康問題。人的一呼一吸承載着生命的能量，這是件大事，當然不容小覷。那麼，怎樣才能更正確、更有益地改善我們的呼吸呢？這就需要我們堅持進行適當的呼吸訓練，有意識地調節呼吸。具體説來，有以下幾種訓練方法：

⊝ 1. 腹式呼吸

（1）選擇合適的訓練時間和地點，最好是早上，在空氣清新的樹林、公園等地。

（2）正直站立，調勻呼吸，放鬆身體，注意肩膀要平。

（3）將左手置於胸部，右手按住腹部肚臍下方 1 寸處。

（4）閉緊嘴巴，通過鼻子深長而緩慢地吸氣，同時腹肌放鬆，使腹部慢慢隆起。

（5）收緊腹部肌肉，當空氣流入肺尖時，右手會感覺到一些推力。

（6）胸部保持不動，通過嘴巴長長地呼氣，同時最大限度地向內收縮腹肌，使腹部凹陷，有一種沉墜的感覺。注意呼氣的同時不要再吸氣。

（7）將一次呼吸的時間控制在 15 秒左右，吸氣 4 至 6 秒，屏息 1 至 2 秒，呼氣 2 至 4 秒，屏息 1 至 2 秒。

（8）保持平靜的心態，持之以恆，3 次為一組，每天重複多次練習。

⊝ 2. 縮唇深呼吸

（1）隨時可行，站、立、坐、臥皆可，以躺姿為最佳。

（2）放鬆肢體，清空雜念。

（3）由鼻慢慢吸氣，腹部漸漸隆起，緩慢深吸氣直到無法吸入為止。

（4）嘴唇做吹口哨狀，保持這種縮唇姿勢徐徐呼氣，無須用力將肺排空。

（5）每次堅持 10 至 15 秒，每分鐘呼吸 4 次。每練習 3 至 5 分鐘，休息 1 至 2 分鐘，每天重複多次練習。

⊖ 3. 屏氣呼吸

（1）臥姿，眼、口閉合，完全用鼻子慢慢吸氣。胸部與腹部同時向外逐漸鼓出，心中默念「一、二、三、四、五、六、七」，至「七」時腹部鼓到最高點。

（2）屏住呼吸 3 秒鐘。

（3）用嘴呼氣，胸部與腹部同時向內收縮，再念「七、六、五、四、三、二、一」，至「一」時，腹部彷彿已貼近後背的脊柱，空氣全部排出體外。

（4）憋住氣，直到感覺腹部已快貼到後腰為止。

（5）用手按住下腹部，口鼻同時張開，使氣體直灌肺尖，手可感覺到推力。

（6）每天晨起前和就寢前，各進行一次練習，為 15 至 30 分鐘。

在以上幾種呼吸訓練方法中，腹式呼吸有別於我們常見的胸式呼吸，是利用腹部肌肉進行呼吸，有利於促進腹腔運動，按摩腹部臟器，具有擴大肺活量、改善心肺功能、減少肺部感染、緩解女性痛經等作用，能夠有效緩解日常壓力。縮唇深呼吸則用於控制呼吸頻率，減少呼吸功耗。屏氣呼吸其實是胸腔和腹腔同時擴張，能夠延長肺內二氧化碳和氧氣的交換時間，使更多氧氣進入血液，也能起到快速緩解壓力的作用。此外，呼吸訓練還可以分為吸氣訓練與吐氣訓練，分別訓練呼吸時會使用到的肌肉群。即借助一些輔助器材，提供適當的阻抗，能夠大大增加呼吸深度與廣度，提高呼吸效率，提升體內氣體交換的效能。

適當進行呼吸訓練有益於身心健康，可以起到鍛煉呼吸肌力與耐力、改善氣體交換效率的作用。健康人勤於訓練，可以加速排毒，延緩衰老；慢性肺疾病患者或心肺功能受損人群則可以一邊訓練呼吸，一邊鬆痰排痰，預防急性發作，使疾病的治療事半功倍。

讓自己埋頭
於瑣碎事務中

　　日常生活中，我們常會接觸到一些工作狂：心事愈重、壓力愈大，他們反而愈發不休不眠、廢寢忘食地工作，這讓我們很費解，認為他們是在自虐。實則不然，心理學研究證明，通過加大工作強度來減輕心理壓力是有一定道理的。因為當一個人處在工作狀態中，尤其是在做一些無須耗費太多腦力的瑣碎工作時，那種簡單機械的手工操作，週而復始、反覆來去的單調節奏，反而會令人放空自己、平和心態。同時，努力讓自己忙碌起來，將全部注意力轉移到這些事務性的工作中，也會使我們暫時掙脫思緒的旋渦，而不必一直反覆地回想那些給我們施壓的煩心事。男朋友和你分手？屢次考試失利？和同事發生爭吵？被上司罵？千萬別急着發脾氣、砸東西，也別一味地蒙頭大睡、喝酒買醉，不如讓瑣碎的工作帶你走出陰霾，化解心頭戾氣。洗洗衣服、擦擦玻璃、收拾房間、整理陳年舊物……專注於這些零零碎碎的家務事，兩隻手不停地忙活着，能夠幫你成功地把壓力從腦子裏趕出去。一通忙碌之後，看着整潔的房間，取得成就的滿足感會令你愉悅輕鬆、自我欣賞，進一步沖抵了心頭沉甸甸的壓力。工作減壓有以下妙法。

⊖ 工作減壓要選擇合適的場所

　　手頭做着瑣碎的工作，未必能夠佔據我們全部的心力，如果一邊忙碌着，一邊還是控制不住地想不愉快的事，那麼，你的忙碌就變得毫無意義。所以，工作減壓法還需要選擇一個合適的場所：

藍綠兩色被稱為「減壓色」，心理學家認為，這一類的冷色調能夠使人心情放鬆、消除壓力。在周圍環境中，多設置一些藍綠色塊或大大小小的點綴，經常置身其中，有助於壓力的減輕與緩解。浩如煙海的音樂作品道盡人間滄桑，每一首歌似乎都貼合着人的不同心境。在埋首忙碌之時，如果耳邊還流淌着紓緩應景的療傷系音樂，無疑是對於心靈最好的慰藉。

⊝ 工作減壓應控制強度

工作減壓法應注意調節強度，適時休息。其中一個常用而簡易的減壓放鬆方法是——深呼吸：通過鼻腔深長而緩慢地吸足一口氣，然後屏息幾秒，再緩慢地吐出來，每次 3 至 5 分鐘，條件允許的話可以連續多做幾次。還可以偶爾從瑣碎事務中抬頭，起身伸個懶腰、舒展一下身體，能夠到陽光燦爛的室外走上幾步就再好不過。陽光對減壓的效果極為明顯，是最好的消毒劑。溫暖的陽光把人曬得昏昏欲睡，一切煩惱與污濁都會在太陽下無所遁形，一切陰暗與抑鬱都會在太陽下煙消雲散。在明媚陽光的照耀下，整個人都會變得格外開朗鬆弛。

⊝ 工作減壓應規律作息

壓力往往會在我們疲憊脆弱、力不從心的時候悄悄探出頭來。而人在精力充沛的時候則會自信滿滿，感覺自己無比強大，可以迎戰世間的一切艱難險阻。因此，養精蓄銳是最直接、最便捷的減壓方式。工作減壓法最需要避免的就是過猶不及，我們埋頭於瑣碎事務、用工作來減壓時要適度把握工作強度，及時積蓄和補充精力。午睡是一種非常有效的減壓方法，中午 20 分鐘的小憩會立刻讓人精力充沛，恢復元氣。科學家發現，希臘人的心臟病發病率遠遠低於其他歐洲國家，而他們的飲食習慣都是同樣的不健康——高油高

脂。原來，希臘人有每天午睡的習慣，此舉大大緩解了心理壓力，降低了心臟病的發生率。即使來不及美美地睡一覺，允許自己打上幾分鐘瞌睡，也會大大緩解精神緊張，令人心情舒暢。每天應保證 6 至 7 小時的睡眠時間，並且盡量固定入睡及醒來時間，比如晚上 11 時至凌晨 4 時是排毒和代謝的重要時間段。要知道，長期睡眠不足本身就是壓力的一大來源，沒有作息時間的錯亂，就無須花費更多的精力來對抗工作時間的困倦。同時，夜晚入睡前可以喝上一杯紅酒，有利於防病減壓、美容助眠。

人生在世，總是有喜有悲，有得有失，但只要你活着，就該選擇最好的方式生活。我們要學會接受不完美，敢於有選擇地捨棄。記住該記住的，忘記該忘記的；改變能改變的，接受不能改變的。一定要愛惜自己，懂自己，永遠把臉迎向陽光，你的世界就不會出現陰影。

有時順其自然也不錯

　　時下，各種健康專家非常多，各類養生節目的擁護者也很多，不管甚麼派系、甚麼來路，只要是與養生保健有關的就會成為熱門話題。時至今日，這股浪潮依舊高潮迭起，這就是風靡一時的「養生熱」。一提到養生，很多人馬上會聯想到坐禪、吐納、經絡、氣血等聽起來高深莫測的事物，其實真的沒必要，人之為人，順應天地、順其自然就好。

　　天地萬物、宇宙星辰都有自己特殊的運行規律，人要在其間謀求生存發展，就必然要遵守自然規律、敬畏自然。正如有人把養生設想得曲高和寡，也有人把生活設想得迂迴複雜，其實二者都可以更加簡單、純粹，只要你跟着感覺走，張弛有度，順應自然。

　　生活在社會上，我們每天都會遇到形形色色的人，各種各樣的事，有時歡喜，有時煩憂，有時開懷，有時苦悶，但終要記得，最好的醫生是自己，最好的藥物是時間，最好的心情是寧靜，最好的生活是自然。正如《道德經》中的記載：「萬物之始，大道至簡。」那麼，我們要怎樣生活才算遵循自然規律呢？其實很簡單，去掉人為干擾，尊重客觀訊息，跟着感覺走，聽從自己的心，順應你的本意。就像渴了要喝水、冷了要添衣、睏了要睡覺、累了要休息⋯⋯每當我們的身體需要甚麼的時候，它就會適時向你發出訊息：當你連吃幾天大魚大肉之後，就會特別想念清粥小菜；而粗茶淡飯、清湯白水地過上幾天，你又會口中寡淡，轉而眼饞葷腥了。身體告訴我們的，往往是對我們有益的，只是需要在跟從心意的基礎上，

稍微加以節制與調整。

親近自然，淨化心靈。我們一生所摯愛的，唯有自然、音樂與詩歌。離天地愈近，愈能獲得天地的饋贈和滋養。城市叢林中的車水馬龍與喧囂、空氣和水環境的污染、電器的噪聲與輻射、人際網絡的盤根錯節……各種社會因素的疊加加劇了人們緊張、貪婪、焦灼的心理，影響人體健康，更造成了透不過氣的心理壓力。所以，時間再少，也應體恤身體；工作再忙，也當有勞有逸。暫時放下手頭似乎永遠也做不完的工作，適當地抽出一點時間給自己，爬爬山，觀觀海，看看雲卷雲舒，品品花開花落，總之，到大自然的懷抱裏去。你看那小草在風中忙不迭地點頭，你聽那鳥兒在林間鉚足勁地歌唱，那種蟲鳴葉揚，那種鳥語花香，就像一眼清泉滋潤着你疲倦浮躁的心田，將你的種種緊張壓力一掃而光。

順時而動，規律生活。無論是衣着、飲食、運動，還是作息，都應順應四時的更替、地域的差異。適時增減衣物，盡量穿得輕鬆隨意、合宜得體，不要因盲目追求個性時髦而難為自己。根據體質和喜好合理搭配飲食，有選擇地吃，吃你愛吃的，但不過量，不愛吃但有營養的，也不過分排斥。「生命在於運動」，但運動也當動靜結合、張弛有度，多參加一些戶外運動、有氧運動。動以養形，靜以養神，規律的作息是健康的基礎，即使做不到古人的「日出而作，日落而息」，我們也當保證充足的睡眠與休息。每天晚上 10 點半前入睡，11 時至凌晨 4 時必須熟睡，保證肝、膽、肺的代謝和排毒以及脊椎造血的時段正常運行。據科學家調查顯示，日均睡眠時間達到 6 至 8 小時的人，壽命最長。所以，盡量不要熬夜，對自己負責任，也對自己多一分憐惜。

調節情緒，心理養生。人生總是有捨有得，當有所追求，但切忌強求。行走世間，難免跌跌碰碰，痴纏於恩恩怨怨，此時不可或缺的，就是一顆寬容和理解的心。「境由心生，物為我定。」不如

多一分理解與看淡，清心寡慾方能保持神氣內斂。恩威榮寵不過瞬間，是非成敗轉頭成空，我們應盡量避免大喜大悲的情緒波動，看淡名利自會心境平和、恬淡寧靜。老子曰：「天之道，利而不害；聖人之道，為而不爭。」人的幸福就等於現實減去期望值，期望太多，幸福就少了。心理學家曾經從科學的角度詮釋了「知足常樂」，認為幸福快樂的心態，能夠促進酶類和乙醯膽鹼等有益激素的分泌，從而有利於身心健康。所以，努力保持靈魂的純粹與平靜，令心情愉悅而輕鬆。

吃喝玩樂也能緩解壓力

在英國諾森比亞大學進行的一次健康實驗顯示，咀嚼是一種有效的輔助減壓法。它能夠提高大腦海馬區的信號活躍度，而這一區域恰好與情緒調節有着密切的聯繫，可以通過調控血液中相關激素的水平，使情緒得到放鬆。一項最新心理學研究表明，咀嚼香口糖能夠使人減輕 16.5% 的焦慮情緒，提高 18.7% 的警覺度，並減輕 13.3% 的壓力感，尤其是工作任務繁重時，減壓的效果會更為顯著。因此，一種被稱為「咀嚼減壓」的風潮正在逐步推廣。

由此可見，在壓力巨大時，別讓嘴巴閒着，就是一種行之有效的減壓方法。很多人喜歡在週末叫上一群好友，唱唱歌、打打球、閒敍近況、品嚐美食，緩解一週工作的勞累與疲憊，這樣「吃喝玩樂」的方法，也是一種自我減壓。而對於吃貨朋友來說，光是用耳朵聽聽這四個字，就會喜不自勝，這也充分說明了「吃喝玩樂」是一件多麼令人情緒高昂、歡樂開懷的事情。

說到「吃喝」，其實還真的有許多講究。一項醫學研究發現，某些食物可以有效地減少壓力，但其他食物不但無法減壓，甚至會起到反作用。具體來說，「減壓食物」包括：高複合碳水化合物，如全麥麵包、穀物、蔬菜、水果、低脂酸奶等；高蛋白食物，如去皮雞肉、瘦牛肉、魚類等；富含維他命 B 的食物，如堅果、深綠色蔬菜、牛奶等；能消食順氣的食物，如山楂、玫瑰花、蘿蔔、橘子、蓮藕等；此外，還有巧克力、香蕉等食物。將這些美食進行合理的葷素搭配之後，既能均衡營養，又能起到紓緩心情、排除緊張

的作用。同時，一些「高壓食物」也是我們應盡量少吃的，比如不易消化的多油脂食物，容易產氣的甘藍、椰菜花、黃豆等蔬菜豆類以及令人生出疲倦感的甜食。有些發達國家已經在超市的貨架上公開售賣一種「減壓食品」，它們嚐起來並沒有甚麼特殊味道，卻因在食材中添加了維他命 B 及多種氨基酸等，有助於人們紓緩焦慮、調節心情。

人們在心情壓抑的時候總愛喝悶酒或者一杯接一杯地喝咖啡，這些都是不正確的喝法。借酒消愁很容易就會過量，而喝酒太多最易傷心傷身；適量喝上幾杯啤酒倒是有益於放鬆，啤酒能夠促進胃腸蠕動，具有健脾養胃、消脹順氣的益處；工作間隙來一杯冰咖啡能夠紓緩身心，但一次喝太多太濃的咖啡很容易導致失眠、胃痛、頭痛，所以，應盡量避免一天喝兩杯以上的咖啡。不妨多喝一些不含咖啡因的飲料來放鬆心情，比如橙汁、礦泉水、牛奶等，睡前喝一杯牛奶，更是對安神有極大的幫助。

所謂「玩樂」，顧名思義就是換着花樣娛樂，讓自己滿心歡喜，樂在其中，自然也就會將那些壓在心頭的不平之事遠遠地拋在腦後。娛樂的方法千萬種，有人愛逛街，瘋狂購物；有人愛郊遊，於清淨秀麗的山水中舒展僵硬的筋骨；有人愛聊天，邀二三知己，發發牢騷；也有人喜歡網上交友，與素不相識的陌生人無所顧忌地傾倒一番苦水……只要拿捏好其中的分寸和尺度，這些都稱得上是自我排解的好方法。

不如停止你的呻吟，收起你的抱怨，自我化解，自我慰藉，給壓力一個出口，還心靈一片寧靜。**告訴自己你可以，可以戰勝這樣荊棘叢生的生活，可以擊敗那個軟弱畏縮的自己！**

方法 16 多進行體育鍛煉

　　一項生理學實驗顯示，人之所以會產生抑鬱、狂躁等不良情緒，其根源在於受到某些具體事件的刺激後，人體內會分泌出一些應激激素及其他有害物質。這些物質作用於人體，比如腎上腺素過量會導致人發瘋一樣，這也是為甚麼當人的情緒過於激動時，會出現撕紙、摔東西、喊叫、蹦跳、奔跑之類的瘋狂舉動。而人在做運動時，體內的新陳代謝會大幅度加快，從而加速此類有害物質的分解和排出，使人的心態逐漸轉變成平和愉快的狀態。

　　長期置身於壓力環境會嚴重侵蝕我們的身心健康，即使是在繁重的工作中，也要努力讓自己過得愉悅輕鬆，這是尤為重要的一點。下面就讓我們一起來學習一些瑜伽減壓的小方法吧！

⊖ 1. 山丘仰躺式

　　（1）端坐於瑜伽墊上，也可直接平躺在墊子上。

　　（2）慢慢躺平，調整重心，直至完全放鬆身體。

　　（3）使雙手盡量向上伸直平舉，釋放全身力量，同時做一次深呼吸。

　　（4）做完此動作後，可以繼續做一些調息的小動作，來穩定心情、緩和疲勞。

　　注意事項：完成此動作後，感覺自己全身的力量得到了完全的放鬆，效果方為最佳。

　　保健效果：有效減輕壓力，消除疲勞；令全身舒暢，體力充沛；

改善情緒不穩、焦慮與抑鬱。

⊖ 2. 雲雀式

（1）將兩條腿平跪於地，隨後，左腳向後盡力拉伸，右腳則保持不動。

（2）緩緩地吸氣，穩定重心的同時，將雙手左右打開，吐氣並上身後仰，停留片刻，做深呼吸。

（3）還原後，換另一隻腳進行練習。

（4）動作完畢，可採用嬰兒休息式或仰躺式來緩和呼吸與放鬆身體。

注意事項：練習此式需一直保持呼吸順暢。重心不穩時，可先止息數秒，待重心穩定後，再繼續順暢呼吸。

保健效果：訓練平衡感，矯正駝背；禦寒，預防感冒；加強自信心，解憂消愁。

⊖ 3. 胸貼地貓式

（1）調整呼吸，保持雙手撐地，雙膝着地的姿勢，將身體重心撐穩後，做深呼吸。

（2）吸氣，上身緩慢俯下，使胸口、下巴着地，兩手置於下巴旁，吐氣，停留片刻，做深呼吸。

（3）還原後，動作完畢。可採用嬰兒休息式或仰躺式來紓緩身體與調息。

注意事項：動作完成後，做幾次腹式深呼吸；尤其在吐氣時，努力收緊腹部肌肉，使腹腔按摩更加徹底。

保健效果：可強化腸胃與氣管，按摩臟腑，刺激臀部及腿部肌肉，紓緩心情，緩解疲勞。

當然，運動也應掌握適度適量的原則。輕度運動有助於減壓，但過量運動反而可能會令情況更加糟糕。「壓力山大」的時候適當地進行鍛煉，最少快走上 15 分鐘，出出汗，壓力自然會隨着汗水流走。一旦鍛煉了半小時，甚至一個小時以上，仍舊心亂如麻，毫無效果，就應考慮更換一種鍛煉方式。應該換一種需要高度專注、更多精力參與其中的鍛煉方式，以充分佔據你的思想，讓你更快地融合投入，無暇旁顧那些惱人的煩心事。心理學家認為，有些人會一邊鍛煉一邊回想那些給自己造成壓力的事情，這樣的鍛煉方式會令自己愈練愈有壓力。

鍛煉是緩解壓力、減少焦慮最有效的方式之一，通過體育運動進行減壓可以說大勢所造。合理安排不同的鍛煉項目，並且保證持之以恆，一定能夠獲得滿意的減壓效果，幫助我們實現身（生理方面）、心（心理和情緒方面）、靈（精神方面）全方位的健康。

可以學習
自我按摩

心理學實驗證明，按壓身體的不同穴位，能夠產生一系列生物物理和生物化學上的變化，藉由神經系統調節、體液循環調節以及筋絡穴位的傳遞效應，達到鎮靜機體、平和思維、消除疲勞的目的，並最終提高和改善人體的各項生理機能，增強機體免疫力。

其實，按摩並非一定要依賴專業的指壓醫師，只要掌握了具體的操作手法，我們也可以在家裏進行自我按摩，同樣能夠達到舒筋活絡、防治疾病、紓緩身心的良好效果。下面就讓我們來學習一些可以在工作間隙開展的簡單自我按摩。

⊖ 1. 眼部按摩減壓法

（1）將中指與無名指按壓在眉頭以下、眼頭以上的眼窩位置，控制力度，按壓 3 至 5 次。

（2）自眉骨中間向兩邊推開 6 至 8 次，加強眼周肌膚的彈性。

（3）手指在眼尾位置輕按 6 至 10 次，改善眼部血液循環。

（4）眼睛正視前方，輕按眼睛下方正對着瞳孔的部位，促進血液循環，改善眼部水腫與黑眼圈。

⊖ 2. 重點穴位及保健效果

承泣穴：眼球正下方、眼眶骨凹陷處。眼睛紅腫、疼痛時，可以反覆按壓此穴位。

晴明穴：眼頭向外 0.5 厘米處。按壓此處可以降低眼壓，消除疲勞感。

攢竹穴：眉頭起點的凹陷處。按壓此處可以明目醒腦，改善頭痛、頭暈和眼睛跳動等不適感。

魚腰穴：眉毛中間，眼球正上方。按壓此處可以緩解疲勞與頭痛現象。

⊖ 3. 音樂輔助減壓法

在自我按摩的同時，播放一些旋律優美、曲調悠揚的樂曲，可以轉移和化解心理焦慮，令人產生愉悅之感。醫學生理研究證明，人的軀體每時每刻都在動，腦電波振動、胃腸蠕動、心臟跳動……這些或緊張，或鬆弛，或收縮，或伸展的動作既具有振動性，又具有一定的節律。而當音樂的節奏、旋律與人體內的節律相吻合時，就會產生快感和愉悅紓緩之感。心理醫生們通過廣泛的調查研究，打造出一種 DNA 音樂，以其特殊頻率調整壓力人群心理，能令其盡快恢復平靜；音樂還能通過神經內分泌系統，進一步調節人體機能，包括促進血液循環、胃腸蠕動、唾液分泌及加強新陳代謝等，從而使人精力充沛，對於減壓具有良好的輔助作用。

⊖ 4. 芳香輔助減壓法

按摩時，點上香薰精油會令你收穫意想不到的驚喜。芳香減壓通過香味的刺激，強化人的心理。充分利用小分子精油易滲透、高流動性和高揮發性等特點，當其滲透於人的肌膚或揮發並被人體吸收時，就會對我們的情緒產生作用，安撫我們的神經，娛悅我們的心境。其中，薰衣草和依蘭精油被認為具有鎮靜和催眠的效果，因其更高的活性及吸收度，更加有助於促進深度放鬆和睡眠，強化人體的心理和生理機能。

　　自我按摩屬一種放鬆療法，通過掌握呼吸調節、放鬆全身肌肉的要點來緩解焦慮、陶冶身心。同時輔以音樂療法與芳香療法，則會對於消除疲勞、提高智力、增進工作效率及美容養顏等具有更為顯著的效果，令人精力充沛地投入工作中，達到內外一致、和諧統一的全新境界。

適當傾訴可以減輕壓力

人們常說，一個快樂與人傾訴，就能變成兩個快樂；一個憂愁與人傾訴，就只剩下半個憂愁。傾訴正是我們與朋友分享喜樂哀愁的最好方式，既紓緩了身心，又增進了友情。傾訴本身包括很多形式，面對面聊天是傾訴、發訊息也是傾訴、動筆寫下煩惱也是傾訴……無論哪一種方式，都能夠給壓力一個宣洩的出口，防止抑鬱之情積在心頭。下面，我們就來看一下傾訴減壓的一些具體方法。

⊝ 向友人傾訴

在壓力到來時，可以主動向親人朋友尋求心理援助，找你信賴的人傾訴衷腸，與他們談談自己的煩惱，聽聽他們的意見與建議。即使對方無法替你解決，但能夠得到朋友的同情或安慰，你的煩惱痛苦也會減半，心裏也會輕鬆許多。最新研究顯示，把恐懼、憤怒情緒說出口，可以減少壓力激素的分泌，比如堵車、受氣時暗暗罵上幾句比強迫自己忍耐要好得多。當然，也無須讓那些惱人的煩心事佔去你與友人重聚的整個下午。你可以說說自己的際遇，也可以絕口不提，轉而談一些令人舒心開懷的話題。即使有再多的煩惱，也不必去做祥林嫂，何不瀟灑一些，說點讓人開心的事情：獨特又時髦的手機殼、最新推出的指甲顏色、優雅新奇的香水瓶、商場優惠的第一手訊息……為甚麼孩子能永遠快樂？就是因為他們只用

尋找快樂的眼光望向生活。

⊝ 上網尋求慰藉

虛幻的網絡可以模糊一個人的身份，在這種前提下，人們似乎會更願意也更敢於徹底傾訴、袒露內心。在種交友平台上找一個看起來還順眼的人，掐頭去尾地給他講一講你的故事、說一說你的情緒，許是知道自己不需要負甚麼責任，網絡那頭的人也會更願意提出自己的真實看法，給予更中肯的建議。當然，永遠記住網絡是虛無縹緲的，在網絡世界裏，你當有自己的判斷力與辨別力。權當是單純地過來發洩一下，很多事情、很多話聽聽即可，千萬別太當真。

⊝ 寫下你的心情與煩惱

寫寫日記或者博客也是對壓力的一種積極應對。美國心理協會倍加推崇這種「把煩惱寫出來」的寫作減壓法，不但醫院裏的醫生會鼓勵病人記病床日記，一些書店也公開售賣空白病歷日誌，甚至還有專門的書籍、雜誌對如何操作進行具體指導。寫作減壓就是將你的煩惱、壓力體驗與心理鬱結一股腦兒地全部寫下，寫下就意味着放下，這無疑是一種效果顯著的減壓釋放法。這種方法極為簡單易行，只要你的手頭有一張紙、一支筆，就能達到緩解煩惱與壓力的目的。但是，在書寫時切忌言辭激憤，提名道姓，一定要避免行文之間無意中傷害到其他人。

不要試圖把所有壓力都一個人承擔下來，不要故作堅強，不肯示弱，「喜怒不形於色」，這樣不僅會加重不良情緒的困擾，還會導致身心疾病的滋生。 想哭的時候就痛痛快快地哭上一場，釋放積聚的負能量，調整機體平衡，眼淚是緩解精神負擔最有效的「良方」，相信大雨過後必有晴空。

讓自己的節奏慢下來

　　花花世界，浮躁人生，身處其中的現代人似乎被時代的快節奏挾裹着，愈來愈身不由己，愈來愈盲目空虛。他們沒心思去聽一朵花開的聲音，不願意關注一株柳樹的吐綠，他們來不及慢慢熬出一鍋軟爛的白粥，更無暇細細品味一道清茶的恬淡……那麼，還剩下些甚麼呢？金錢，權力，還是酒色財氣？即使一個再長壽的人也不過活在世上 3 萬多天，大家同樣赤條條地來，赤條條地去，中間都是一段不長不短的人生路，你又何必着急？不妨靜心體會身旁的人和事，保持一種清靜、平和的心態，對他人多一分理解與寬容，對自己多一分放鬆與擔待，放慢節奏、恬淡虛無，從以下三方面看清楚生命中的每一段路。

⊖ 整理自己的心緒

　　蔡崇達在《皮囊》一文中寫道：「我們的生命本來多輕盈，都是被這肉體和各種欲望的污濁給拖住了。」要想讓自己的生命重歸輕盈，就必須清理自己的行囊，卸下一些無謂的東西，捨棄那些不該背負的，然後輕裝上陣。說起來，在我們周圍所發生的一切事情，都與我們有關，也都與我們無關，你只會活這一輩子，為甚麼不老老實實走好自己的路，保持思想的清靜。索性平衡了心態，端正了身姿，朝着最有益的一生，闊步前行。

⊝ 樹立合理的目標

　　人生本是無止境的，每一個終點都是下一個終點的起點，如果一直搏命似的疾走，那你這一生無疑是奮鬥的一生，但也可以説是虛度了的一生。你也許贏得了生前身後名，但唯獨輸了自己。做人一定要知道自己真正要甚麼，應該怎樣過自己的一生。韓寒曾經戲謔地説，懂愈多愈覺得自己是孤兒，走愈遠愈發現世界本是孤兒院。因此，不要急匆匆地一直走，請明確一個恰如其分的目標，然後在通往目標的路上俯拾一些感動與溫暖。即使這世界真如韓寒所説，我們這一生也要做盡兩件事——「用智慧證明孤獨的價值，用愛來緩釋孤獨的寒冷。」

⊝ 直面人生，穩步前行

　　整理好思緒，確立了人生目標，我們所要做的，就是不歪不斜地往前走，不偏不倚地堅持到盡頭。不去聽身邊那些輕微細碎的聲音，不去看岔路上那些五彩斑斕的景色，只聽從心靈深處的聲音，只跟着自己的心走。這世界本就是「有人住高樓，有人在深溝，有人光萬丈，有人一身銹」，當然要走穩你的腳步，「世人萬千種，浮雲莫去求」。有這些閒暇辰光，不如多體恤一下家人、關心一下朋友、常和朋友聚聚、多去遠處走走……如此，既能充分享受生活，又能緩解心理壓力。放慢你的腳步，永遠記得，微小的幸福就在身邊，容易滿足就是天堂。

　　人的能力小，壓力就顯得大，能力逐漸增大的時候，壓力也會無所遁形。**真正有智慧的人，只把壓力當作一種動力，令自己在無止境的理想和追求中，更好地享受人生。**

好心情是可以裝出來的

假裝快樂是趕走煩惱、緩解壓力的好辦法。心理學研究發現，女人的幸福指數與事業、家庭等客觀因素的關係並沒有想像中那麼大，反而是情商愈高的女人，幸福感愈強。美好的生活其實就是知足，是時時刻刻保持一種輕鬆自在的心情。「不以物喜，不以己悲」，不論外界如何變化，都在心裏為自己留下一片晴空。活得像孩子一樣單純、快樂的女人，會給人以積極向上的感覺，令人心生親近。但是，生活中永遠不會只有碧空萬里，當你心中下起了雨，當你的眼眶泛紅潮濕，你可以短暫軟弱、片刻落淚，但永遠不要讓負面情緒將你傷得太久。稍微平靜之後，努力綻放你的笑容，如常地與人問好、打趣，假裝自己有一份好的心情。一開始或許還會不時悲從中來，但時間久了，你會發現自己竟然淡忘了當初的傷心事，真的擁有了好心情。

擦乾眼淚，收拾心境。心理學家認為，哭泣能減輕一時的痛苦，對平衡心理具有一定好處。俄羅斯心理醫生納杰日達·舒爾曼認為，眼淚不僅是一種發洩的方式，還可以排出體內毒素。因神經緊張而誘發腦梗塞和腦中風的女性比例遠遠低於男性，很可能就是基於這個原因。痛苦和委屈會隨着眼淚一起流出，千萬不要將其憋住，但也不應持續較長時間地痛哭流涕，要適時整理，收拾心情。是非成敗都是對過去的總結，不妨從此刻起，放空心靈，有「空杯心態」的人才能重新開始；清空人生的水杯，才能讓更醇香的清茶

注入。

　　如常生活，努力鎮定。有了不良情緒，應該及時疏導與宣洩。但這種宣洩應當合理適度，又打又砸，大吼大叫，呼天搶地，遷怒於人都是過分的舉動。當與人發生口角時，不要戀戰，及時離開是非之地；當悲傷情緒蔓延時，轉移注意，做一些快樂的事為自己排憂解愁；在餘怒未消時，不要不吃不喝或者暴飲暴食，不要不休不眠或者蒙頭大睡，勸解鎮定自己，如常地上班、下班、聚會、娛樂對自己更有益——行為反常、甚麼都不做只會讓自己胡思亂想，正常的工作生活才能讓緊張的情緒逐漸鬆弛，讓自己盡快恢復正常。

　　敞開心門，一笑泯千愁。別把自己關在門裏，做甚麼都沒心思，哪裏都懶得去。同事有約，抑或朋友相聚，把自己打扮得漂漂亮亮、清清爽爽的，帶上你的笑容一起去；運動、看場電影、吃吃喝喝、玩玩樂樂……心情愈是不好，我們愈要置身於令人愉快、使人歡笑的場合。與其形容憔悴，和那些不愉快的事情天人相鬥，不如灑脫一笑，讓自己更貼近快樂的生活。心理學家認為，用樂觀、積極的態度看待世界，世界也會相應變得美好起來。人生就當得意淡然，失意泰然，「珍惜你所擁有的，感謝你所缺失的」，一直擁有好的心態。一次挫折磨難算不得甚麼，人永遠不能放棄希望，有希望在的地方，地獄也是天堂。

　　人生無時無刻不在開始，也無時無刻不在結束，該發生的已經發生了，你要做的，只是不挽留、任它走。**努力不讓傷心停留太久，不妨讓心情重回溫暖，讓往事一切隨風。**

Chapter 3

停止抱怨的
情緒調節法

不要
苛求他人

要知道，世界上沒有甚麼是十全十美的。從哲學的角度來說，存在即合理，正是這些迥然不同的存在，才構建起多姿多彩的世界和充滿活力的人類社會。玫瑰因為有刺，才能成為玫瑰；人也一樣，每個人都有其獨特的價值，沒有了這些，他也就不能成為一個活生生的人。矛盾是具有普遍性與鬥爭性的，正是矛盾雙方的對立統一，推動了事物的運動、變化和發展。一個人只有在矛盾中才能保持進步，我們的社會也只有在矛盾中才能不斷向更高的文明闊步前進。每個人的性格中，包括你自己，都有一些令人無法接受，甚至匪夷所思的部分。既然如此，索性敞開懷抱，認識和接受那些生命中的不完美；時刻警醒，遠離那些對身邊人的抱怨與苛求。

⊖ 認識到自己的不足，先從自己身上找原因

別人也許有很多不足之處，但一旦出現問題，你首先要學會審視自己的不足。正如這位一直抱怨的老闆，嫌棄客戶死板，卻沒有反思是不是自己沒有嚴格按照規定與流程；責罵研發人員愚蠢，卻沒有考慮到隔行如隔山，是不是自己根本不懂研發過程中的艱辛與苦衷；怨恨員工無情，卻不肯認真反省一下自己：沒人肯說好話，是不是平常薪水太低、加班太勤、規定過於嚴苛，或者乾脆就是自己虎着臉的時候太多……他不該急於沉浸在對別人的怨恨和對自己的憐惜之中，而應該首先問問自己的心——你有沒有甚麼地方做錯？永遠不要急着做別人的法官，永遠不要武斷地妄下定論，先上

上下下打量一番自己，也許問題就出在你的身上。

◯ 認識到人性的弱點，學會施恩，不望回報

何必浪費力氣去做一些無益的事呢？有些人也許終其一生，都不會有甚麼根本性的改變。既然人性本該如此，那還有甚麼值得抱怨的呢？不如及早面對現實，只做好自己。保持善良、保持真誠、充滿愛心、寬以待人，施恩不圖報，只圖那種給予的快樂，只圖那種內心的愛與平靜。「贈人玫瑰，手有餘香」，當我們不為那些花香而施與，我們就能嗅到自己靈魂的香味。

◯ 認識到生命的真諦，坦然接受命運的饋贈

日出東海落西山，愁也一天，樂也一天；遇事不鑽牛角尖，人也舒坦，心也舒坦。很多時候，我們也許走到最後，都不清楚究竟甚麼才是真相，如果只是一味地計較、苛求，只會令自己不堪其苦、受盡煎熬。得失成敗、悲歡離合、風起風止、雲聚雲散，都是一種人生體驗，嘗過了世間百味，你才敢說自己真正活過了一回。人生就像一齣戲，卻沒有綵排、沒有暫停，到了盡頭，更無法回放。如果一直懷念悔恨着過去，怎能還有心情望向遠方？不如笑看人生風雨，淡看生命中那些不如意，讓糾結平復，讓往事隨風，從現在開始，書寫一個全然不同的結局。

苛求別人令人苦，苛求自己令己累。每個人都有自己的價值取向和處事立場，彼此間相處總會發生爭執和矛盾，再美好的人也是一樣。也許你認為自己無辜，認為自己受了委屈、受了傷。但請你相信，現在的每一種付出，都是一種沉澱，你最終獲得的，將是人生的廣度與厚度。

不要不滿足

　　有人說，人生一場虛空大夢，站得高才能看得遠，看得淡才能放得下。人之為人，不可或缺的並非呼風喚雨的手段，而是淡看風雲的胸襟。不滿足的人生需要背負的太多，身處其中的人，日復一日都會心焦難捱、身心疲憊；倒不如看破命運的翻雲覆雨，看淡人生的恩威榮寵，心為形役，難免黯然神傷，索性放下，即是解脫。日子也許並不如過眼煙雲，去留無痕，但人當坦然富足地盡享生命，這才是順應了人世滄桑與天道輪迴。

⊖ 看懂自己，量力而為

　　生活的樂趣不在於你擁有多少，而在於你要求多少，能夠滿足一個人的，可以很多，也可以很少。關鍵在於你是否看懂了自己真正想要的，或許只是一份穩定的工作、一個溫暖的家庭、幼子繞膝、三兩知己，足矣！擁有自己想要的生活就是幸福，懂得知足常樂的人才有喜悅。

⊖ 看清目標，全力以赴

　　確定了自己想要過哪種生活，就要為你的選擇努力拼搏，沒人可以輕而易舉地摘到幸福，百轉千回後的收穫才是真正的生活。知足常樂並不是讓我們虛度光陰、辜負歲月，在行進的路上止步不前。人過留名，雁過留聲，人活着就該為自己，也為別人留下些甚麼：留下揮汗如雨的青春、留下紅霞滿天的夕陽……投入生命，

揮灑熱血，給後來人印下一幅奮力奔跑的不息剪影，向着心中的目標，昂首闊步，勇往直前。

⊝ 看好生活，盡享精彩

　　有人説，生命中的很多美好都是看不見的。同理，看似平平凡凡的生活中，也有着無限的美好，能不能抓住就看你肯不肯睜大尋覓的雙眼，好好地看看我們的生活，細細地加以品味。這只有一次的人生，要怎樣度過才算真的開心快樂？真正的快樂當然是心靈的快樂，保持內心的單純美好，你就能感受到生命的喜悅，哪怕在旁人眼中你如此渺小，如此軟弱。好好生活，我們不需要香車豪宅，只要一家人和和美美地在一起，喜氣洋洋，樂樂呵呵；好好生活，我們不需要高官厚祿，只要上司和氣，同事友愛，做着自己習以為常的工作，同時還能擁有 8 小時以外的快樂；好好生活，你會愛上把盞清茗，淡淡幽香裏與友人閒叙感悟的那種嫻靜；好好生活，你將如同清秋裏的一片黃葉，恬靜來去，擁抱簡單、安然、富有餘韻的灑脱。

　　笑看浮華背後的人生，悠然自得，淡定生活。 走過漫長的人生路，人會見識許多，也明瞭許多，風雨坎坷之後你將頓悟許多方圓之道，其中必然會有知足常樂。

方法 23 不要總覺得
自己懷才不遇

俗話說：「心態決定一切。」正確的方法是，先處理心情再處理事情。**不要總覺得自己懷才不遇，及時調節情緒，整理心情，才會更有利於你的全面發展。**

⊖ 正確評估自己的能力

我們經常會見到自認為懷才不遇的人，其中，有些人真的是時運不濟，才情滿懷，卻迫於客觀環境和人生際遇，一直屈就於人；而有些人卻是盲目的自我膨脹、自我欣賞，他們之所以沒有受到重用，不是因為上司的打壓、同事的排擠，而是因為他們無能與無知，只是他們沒有認識到這個事實而已。所以，在憤世嫉俗、自怨自艾之前，我們先要客觀冷靜地進行自我審視，與公認的行業領袖、業界精英逐項進行對比，看看是否過高估計了自己。如果你擔心自己評估時過於主觀，有失偏頗，還可以多找幾位相熟的朋友和同事幫你分析。

⊖ 不斷提升和強化自己

自我評估後，你對自己的能力有了一個比較客觀真實的了解。如果你本是一個平凡的人，那也沒有甚麼，哪有人自出生時就帶着天才的標籤？只要付出足夠的努力，你就能成為最好的自己。如果你的確才華橫溢，那就更沒有甚麼可抱怨的；真金不怕火煉，是金子總會發光，而此時你所要做的，就是不斷地積蓄能量，在沒

有被世人矚目之前努力讓自己變得更優秀、更傑出、發出更耀眼的光芒。所以，與其坐在原地抱怨，不如在這段時間裏讓自己走得更遠，放低身段，懷着一顆謙虛好學的心，不斷地超越自我，豐富人生的內涵。

⊖ 永遠記住你就是自己的伯樂

很多有才之人心高氣傲，行為偏激，言談舉止間常流露出對別人的輕視與不屑，如此一來，當然會引起眾怒。要知道，機會永遠把握在自己的手中，想要做自己的伯樂，必須先看清自己的處境，想明白為甚麼你的能力無法施展。是崗位不合適，還是需要等待機遇，抑或是受到人為的阻撓？理順之後，是跳槽，是苦等，還是與人講和，一一對症下藥。愈是覺得自己懷才不遇的人，愈容易使自己被人孤立，難以融入集體。這時，就要放下架子，謙和有禮，營造更和諧的人際關係。人心都是換回來的，多付出一點真心，必然能多收穫一份助力。

要有充足的耐心

英國首相丘吉爾曾在一次牛津大學的演講中說過，「我的成功秘訣有三個：第一是決不放棄；第二是決不、決不放棄；第三是決不、決不、決不放棄。」正如一句流傳已久的西方諺語：「世上沒有失敗者，只有放棄者和戰死者。」這個世界，似乎成功和失敗的人都不算多，只有中途放棄的人最多，要堅持做好以下三點。

⊖ 明確目標，力求層次分明

清晰的奮鬥目標，能夠賦予人堅定的信念，激起人無窮的力量。你知道出租車在哪種情況下最容易出事嗎？堵車的時候或者人多的時候？都不對！一項心理學調查顯示，在車上沒有搭載乘客的時候，出租車最容易出事。這是因為有乘客時，出租車司機心中有明確的路線和目的地；而沒有乘客時，司機的方向是盲目的，快到十字路口了，應該左轉還是右轉，自己一直猶豫不決，當然會出事故，這就是缺少目標的危害。所以，一定要樹立正確的奮鬥目標，把整個大的目標拆解成多個由易到難、階梯狀排列的小目標，一旦有了這些指向分明的近、遠期目標，人心底的急躁就會被抵消。如此，經過一段時間的努力，你就能成功達到一個近期目標，收穫一份勝利的鼓舞與喜悦，短暫休整，抖擻精神後，再次迎戰下一段征程。

⊖ 堅持自我，不被環境左右

心理學家也認為，人最初的心態都是積極向上的。而導致我們心態變化的一個重要原因就是受到周圍環境的影響。環境對人的影響和暗示作用是巨大的，我們必須時時警惕、處處提防，勿忘初心、保持自我。

⊖ 提升境界，學會品味生活

既然確定了一個目標，那就高高興興去做，人活着就是要不斷挑戰自己才能進步。心理學家認為，積極的心理暗示能夠幫人建立充分的自信，提升對於自我價值的認知。不妨在心底反覆暗示自己：沒有甚麼難捱的，也沒有甚麼不耐煩，我很享受這個漫長曲折的奮鬥過程，除了最終抵達目的地之外，路上的這些風景也是我所珍視的。以品味的心態享受人生目標，你就會從看似枯燥的累積過程中尋找出無與倫比的快樂。

當然，隨着年齡的不斷增長，人生閱歷的逐漸累積，我們的耐心與毅力也會持續加強。此外，書法、對弈等休閒娛樂也能幫助我們磨煉心性、恆久忍耐。總之，**請保持充足的耐心，它將為你換回更加精彩的未來。**

方法 25 坦然接受自己的一切

認識到人生的不完美，努力提高自己的幸福指數。首先，當然是要充分認識自己、容忍自己，在接受自己的缺失與不足的同時，盡力揚長避短，發揮自身優勢。

⊖ 積極地暗示自己，坦然接受所擁有的一切

有些人屢遭挫敗，自此一蹶不振；有些人卻愈挫愈勇，終成千秋基業；有些人生來平庸，卻一直張望着高處的繁華，既擾亂了心情，又辜負了生活；有些人卻甘於平凡，兢兢業業地做好本職工作，擁有着幸福的家庭和平淡的快樂；有些人不幸致殘，終日自慚形穢，羞於見人，甚至以淚洗面；有些人身殘志堅，憑藉堅強的意志和不懈的努力，在綠茵場上揮灑汗水、摘金奪銀……在承認現實的基礎上改造現實，這才是最棒的生活。

⊖ 經常暗示自己，充分利用潛意識的巨大力量

通過座右銘、宣誓等自我言辭的暗示，在每個清晨和夜晚默念數遍，強化灌輸，告訴自己：雖然我失敗過很多次，但只要我肯努力，不久的將來就是成功的那一天……潛意識的力量是十分驚人的，能夠激發出巨大的潛能。在遇到困難、挫折以及對現狀不滿的時候，可以不斷進行自我暗示、自我確認、自我提醒，充分利用潛意識的力量，促使夢想早日實現。

⊖ 接受生活不是放棄奮鬥，仍要不斷嘗試挑戰自我

坦然接受自己的一切，不是讓我們甘於平庸，終日懶散，渾渾噩噩地過活，而是讓我們認清現實，找準目標，不張望、不彷徨，踏踏實實地向前走。奮鬥當然是我們一生的事業，要不斷去挑戰並且戰勝自我，唯有如此，你才配得上更好的生活。嘗試去做一些你認為很難的事，才能令自己更完美地蛻變。當然，挑戰自我也需放平心態，不要貪戀太多，也不要急於求成。坦誠地告訴自己，現在的每一次付出，都會是一種沉澱，那是一種默默的奠基與鋪路，只為讓你成為更好的自己。

生活裏沒有絕望，只有想不通，人生中沒有盡頭，只有看不透。人在旅途，有風、有雨，但總會有陽光；有坎坷、有荊棘，但總會有鮮花、有掌聲。坦然接受自己的一切，你會愛上這並不完美的生活。

方法 26　面對挫折 不要氣餒

「人的生命正如奔騰的海水，不遇到島嶼和暗礁，就難以激起美麗的浪花。」面對挫折時，我們不應心生畏懼，更不應退縮氣餒，要知道，正是挫折造就了我們的一生，它在磨礪和試煉我們的同時，也令我們的生活極大豐富、精彩紛呈。**面對挫折時當然不能氣餒，勇敢地經受住挫折的考驗，記得昂起頭，挺起胸。**

⊖ 沉着冷靜，釐清思路

遇到挫折時，首先要鎮定自若，不慌不怒，發脾氣、發牢騷都於事無補，大膽地正視它、面對它才是正確的應對之道。然後，靜下心來梳理整件事情的來龍去脈，審時度勢，前後比對，想清楚自己為甚麼會受挫：如果是目標定得太高，就適當變通，用比較容易的初級目標來暫時代替；如果是工作方法存在問題，就換成更加迂迴委婉的工作方式，減少實現目標的阻力；如果是天災人禍，那就更無須糾結，勇敢地承受消化，你會發覺自己也能如此堅強，生命也能如此充實，而這正是挫折給我們的饋贈。找出問題的癥結所在，再一一對症下藥，尋求擺脫當下困境的權宜之計以及最終解決問題的有效方法。

⊝ 增強自信，鍥而不捨

面對挫折時，畏懼退縮都是不可取的，必須勇往直前，衝破黑暗，才能看到朝霞，擁抱成功。一旦確定了目標的合理性與可行性，就必須鼓足勇氣，再接再厲。你可以努力累積、充實自我，可以迂迴取勝、機動靈活，唯獨不能不戰而退、輕言放棄。人這一生，就應當在無盡的拼搏開拓中度過。面對挫折時，保持既定目標不變，但你的努力程度一定要加倍。

⊝ 合理宣洩，製造快樂

再強大的心靈，面對挫折，難免會煩躁、抑鬱、充滿壓力。因此，我們一方面要努力克服困難，戰勝挫折；另一方面還要學會調節情緒，宣洩壓力。在工作疲憊，毫無靈感和進展時，不妨約幾個朋友坐坐，適當調劑一下生活；可以寫寫文章、練練書畫、跳跳舞、唱唱歌、給自己放個小假、適當進行體育鍛煉，這些都能放鬆心情，昇華情感；此外，幽默自嘲是宣洩積鬱、製造快樂的良方。面對挫折，不妨卸下重擔，幽默一下，利用吃虧是福、破財免災、有得有失、難得糊塗等心理暗示來平衡心態、調適情緒。如此，不僅可以淡化和減輕不良情緒，還能夠為生活增添幾許快樂。

命運由心態決定

生活更是如此，甚至可以説，我們並非活在現實的世界裏，而是活在自己的心態中。心態是人對社會生活的反映和體驗，更是一切心理活動與狀態的總和，它對於人的思想、情感、慾望起着關鍵性的作用，幾乎決定了一個人對待工作、對待生活的最終態度。你過得好不好，關鍵在於你選擇了怎樣的人生態度，也就是説，命運由心態決定。那麼，我們怎樣才能擁有好的心態呢？

⊖ 積極學習，不斷累積

緊跟這個時代的步伐，才能談得上有好的心態，才能談得上有好的未來。學習是儲備知識的唯一途徑，而學習的過程就是在追逐成功。與其面對新的環境、新的發展，不懂裝懂，不如不斷學習累積，不斷攝取能量，驗證舊辦法，吸納新知識，讓自己成長為行業精英，讓自己做大做強，做成內行。要知道，一個人的學識、素養、氣質、心態是相互作用、相輔相成的，只有學識過硬的人，才有足夠的自信；只有足夠自信的人，才能適應社會發展，進而更好地把握自己的命運。

⊖ 端正心態，正視自己

人非聖賢，孰能無過。其實，冷靜地想一想，人生在世，差距無處不在，與其嫉妒眼紅，不如奮起直追。對於一些能夠憑藉自身努力消解掉的差距，當然要不懈努力，完善自己；但對於那些無法

看齊和抹平的差距，比如身高和容貌，索性接受、看淡，無須太在意。有些人眼紅同事工作能力強，不去努力追趕，打造自己過硬的業務質素，反而想方設法排擠和孤立對方，甚至不擇手段地誣陷和栽贓；羨慕朋友事業成功、風光無限、住豪宅、開靚車，不去奮鬥打拼，勤勞致富，反而想走歪門邪道、以身犯法，他們最終都將抱憾終身，甚至栽一個跟頭摔倒之後，再也爬不起來。心態決定成敗！想要趕上或超過優秀的人，必須先對自己有一個明確的認識，放平自己的心態。只有先戰勝了不良心態，才能最終戰勝他人，這是邁向成功的不二法門。

⊝ 積極思考，笑對人生

　　任何事物發展的客觀規律都呈螺旋式上升的形態，有哭就有笑，有白就有黑，有寒冬就有暖春，有陰雨就有晴天。世界上的事永遠是陰陽同存，積極思考的人總是看到好的一面，擁有消極心態的人卻只能看到壞的一面。而人腦的神奇之處在於，你不斷地向大腦灌輸正面的訊息，積極的暗示，就能夠開啟心智，發揮潛能，在困難面前想出辦法來。因此，積極的心態能把壞的事情變好，消極的心態能把好的事情變壞，積極的心態就是事業發展的開端，無論成敗，我們首先要保持一種良好的心態。就像大海把自己放到低點，然後廣納百川，我們也要放低身段，放平心態；**無論在何種境遇下，都保持一顆積極向上的心，以灑滿陽光的心態笑看世界、笑看人生、笑對生活、笑對逆境。**努力擺脫不良情緒的影響，掌控自己命運的船舵，最終才能登上成功的巔峰。

絕不盲從任何人

> 在英國插畫家本·科特的繪本《小豬變形記》中，一隻百無聊賴的小豬，想要體驗一下其他動物的生活，它踩上高蹺模仿長頸鹿、在身上畫滿花紋模仿斑馬……還用盡各種辦法模仿袋鼠、鸚鵡等動物，最終卻只引來大家的嘲笑，都以鬧劇而告終。垂頭喪氣的小豬，只好回到豬群裏，但牠驚喜地發現自己再也不會摔倒了，也不會被水沖，更不會倒掛在樹上，並且在泥潭裏想滾多久就滾多久。小豬終於找回了自己特有的快樂，牠興奮地大喊大叫：「原來，只有做回自己，才是最幸福的呀！」

⊖ 明確目標，理性思考

沒有目標，必然盲目；沒有理性，必然盲從，避免盲從別人的最佳方法就是回歸理性。生活中，我們要時刻擦亮眼睛，用冷靜理性的思考來主宰人生，科學、專一、獨立，堅持自己的追求，「盡信書，不如無書」，不拜聖人、不犯迷糊。**一個堅持理性思考的人，不會輕易放棄自己的立場，不會輕易受到別人的干擾，有着自己的行為主見與思想，當然也會擁有一個真實的人生。**

⊖ 明辨是非，察納雅言

不盲從並不意味着執拗，我們當然要做自信的人，但堅決不做膨脹自大的偏執狂。古人云：「多見者博，多聞者知，拒諫者塞，專己者孤。」這種「專己」就是「過度自信」，當然會「過猶不及」。

孔子曰：「三人行必有我師。」牛頓也說，我之所以看得更遠，是因為我站在巨人的肩膀上。只有不斷地學習借鑑，才能進步。所以，我們一定要把握好其中的尺度，既不缺乏主見，毫無主心骨，又要廣納善言，分辨是非。這就需要我們具有極強的判斷力，「擇其善者而從之，其不善者而改之」。可以廣開言路，於深思熟慮後從善如流，但絕不可不問是非，盲目隨大流，更不可偏執獨斷，一意孤行。

⊖ 堅持原則，服從不屈從

我們生活在社會中，家裏有家長，學校有老師，公司有上司，似乎很難完全堅持自我，必然會在某些情況下放棄個人的想法與自由。當然，適當的服從是必需的，沒有服從就沒有上司，沒有服從就沒有組織，沒有服從就談不上甚麼凝聚力、向心力和戰鬥力，任何事業都會難以成就。服從的確意味着一種犧牲和奉獻，但大前提是必須合理合法。我們可以服從上級、服從組織、服從決定，但絕不是奉為聖旨，一味聽從，對於那些觸及道德底線，甚至觸犯法律的事情，就堅決不能盲從。

有一顆
寬容的心

"

　　女孩很獨立,每天都會一個人步行上下學。這一天,早晨還是萬里無雲,到了下午就開始狂風大作,雷電交加,烏雲密佈,眼看着就要下一場大雨。女孩的媽媽一邊抱怨着鬼天氣,一邊帶上雨具打算去學校接女兒放學。街上的行人很多,大都步履匆匆,個個蹙緊了眉頭,又憂心又焦急。雷聲愈來愈響,女孩的媽媽終於在迎面走來的人群中看見了揹着書包的女兒。她正打算緊走幾步接上女孩,卻突然發現一個奇怪的現象:每次閃電時,女孩都會停下腳步,抬頭往天上看,並綻放一個大大的笑臉。走到跟前,媽媽一把拉住孩子的手,問道:「寶貝,天都快下雨了,你這是在做甚麼啊?」女孩笑盈盈地回答:「媽媽,你看,這一閃一閃的閃電,就像上帝正在幫我照相,所以一定要笑啊!」 女孩媽媽聽了心中一動,一直皺着的眉頭也慢慢地舒展開來。

"

　　孩子的心是純粹而透明的,就像乾乾淨淨的水晶,在大人眼中惹人厭的風雨雷電,在他們眼中卻是有趣的,值得為之綻放最美的笑容。可見,孩子雖然懵懵懂懂,卻有着與生俱來的愛與寬容。然而,這些生而有之的寬容卻似乎不見容於成人的世界,在那裏盛行的是鈎心鬥角,是爾虞我詐,是厚黑學。他們忙着算計別人、忙着計較利益、忙着揣摩心思、忙着出人頭地,這樣慌慌張張的生活裏,難免會有一些東西被當作雞肋捨棄,其中就包括良知、底線,還有我們今天要討論的寬容。

成年人的世界裏，彷彿少了很多單純與美好，在那裏，真正做到寬容別人似乎是一件很難的事情。哪怕你已經公開表示了你的諒解與寬恕，但心底總是有個疙瘩留在那裏，時不時就會翻出來想想，心裏酸溜溜的，感覺自己吃了虧，受了委屈，對方卻沒有受到甚麼懲罰，心裏不平衡得緊。今後再與這個人相處的時候，自然就多了幾分尷尬與芥蒂。當然，更常見的還是無法原諒，反目成仇，冤冤相報，甚至「子子孫孫無窮盡也」地把這份仇恨流傳下去。可悲的是，仇恨的源頭只是一件無足輕重的小事，如果當初能夠一笑泯恩仇，生活早就風平浪靜，陽光明麗；但正是當年的無法寬恕，造成了一生糾葛，甚至幾世痴纏，平白無故地少了一個朋友，多了一個敵人。

　　其實，大家都知道，有度量、能容人是一件好事，但真正輪到自己頭上，就感覺過不去這個坎，寬容絕不只是嘴上說說就可以。

　　我們要努力讓自己有一顆寬容的心。在擁擁擠擠的巴士上、在熙熙攘攘的街頭、在人聲鼎沸的公共場所，如果有人大聲喧嘩吵到了你，有人無意中冒犯了你，不要急着火冒三丈，惡語相向，對方道歉你就諒解，對方無禮也隨他去，不過一些無心之舉，沒必要橫生事端，擾了自己的好心情。如果有人故意刁難你、苛責你，不要咬牙切齒，死磕到底，世上沒有無緣無故的愛，也沒有無緣無故的恨，弄清楚事情的來龍去脈，盡量與對方講和，有誤會就及時澄清，對方胡攪蠻纏也不要爭吵對罵，何必為此拉低自己的檔次，值得寬恕就「做人留一線，日後好相見」，不可理喻就索性起身離開，以後少共事、少接觸。

　　存一顆寬容的心，你會握住人生大義；存一顆寬容的心，你會為自己的氣度和胸懷感到驕傲與自豪。事物都是互相轉化的，吃虧未必不是佔便宜，最重要的是自己的思想境界得到了提升，最重要的是你擁有了更大的人生格局。

學會感恩

> 某僧人乘船渡江，途中風浪驟起，打翻了小船。他在水中掙扎了很久，最終筋疲力盡地爬上岸來。剛一上岸，某僧人就跪在沙灘上磕了一個頭，口中念念有詞道：「謝謝師傅！」旁人不解地問他：「你既不詛咒這惡風險浪，又不責怪船家無能，為甚麼要先感謝師傅呢？」某僧人回答：「我本來並不想學習游泳的，每次都是師傅強行把我拉入水中，迫我學會。要不是師傅教誨，我命休矣！」

在一般人看來，坐船時突然遇險，受到驚嚇，上得岸來第一件事，當然是責罵船家令自己財物盡失、險些喪命，或者是抱怨老天的陰晴不定、喜怒無常。但某僧人沒有如此，遇了難，不是忙着責備任何人，而是因自己的險中求生而心存感激，並推想到感恩身邊的人。一旦具有這樣的超然境界、這樣的通達豁然，生命中還有哪些苦難是你所無法承受的呢？

人生在世，失敗挫折在所難免，風雨坎坷都需要我們豁達看待、勇敢面對。前路受阻，是該整日怨天尤人，就此消沉下去？還是該坦然接受命運的饋贈，對生活充滿感恩？學會感恩，是笑對生活，令生活充滿愛與希望；學會感恩，是人生哲學，是為人處世的大境界與大智慧。

潛作為萬物之靈長的人類，更要學會感恩！感謝天地賜予我們陽光雨露，感謝生活磨練我們的心智，感謝成功讓我們勇敢，感謝失敗讓我們成長。有了感恩之心，這世界將不復舊日模樣，它將重

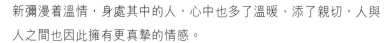

新瀰漫着溫情，身處其中的人，心中也多了溫暖、添了親切，人與人之間也因此擁有更真摯的情感。

有些人說：「我身邊總有許多討厭的人，而且不知悔改。」其實，真正需要改變的不是這些身邊人，而是你自己。擁有一顆感恩的心，你會對身邊人多許多感激，少許多看不慣，同時也會從中收穫更多回饋，感受到集體的溫暖。

不妨用愛和溫暖去看待人生的種種不如意，時時刻刻懷着一份感恩的心情，永遠保持進取的信念和健康的心態。正如將一塊明礬投入濁水就能沉澱所有渣滓，在我們的心中孕育感恩之心，也可以沉澱更多不滿不幸，消融更多浮躁不安。

Chapter 4

遠離平庸的
情緒調節法

別總覺得
自己很累

　　看看我們的周圍，無論是男人還是女人，好像人人都活得很累，剛一碰面就要互相訴苦，滿腹牢騷，抱怨起來沒完沒了。究其原因，是人們想要的太多，他們一路走來，俯拾起金錢、權力、愛情、事業、家庭、友誼……每一種能夠拿在手裏的東西，他們都無法割捨、盡數背負。對於這樣一直在做加法的人來說，「累」，已然成為一種司空見慣的生活；而這種生活，也正慢慢地侵蝕着身處其中的人，將他們一點一點地變得平庸、變得遠離自我。

　　著名心理學家吳靜吉博士認為，人感覺活得很累的大部分原因來自生存。生活過程中的過度負荷帶來了心理和身體上的雙重疲憊。還有人將「總覺得自己很累」的原因歸結為幾點——太看重位子，總想着股票，倒騰着房子，放不下架子，掰不開面子，眷顧着孩子。而不斷地張望與攀比正是這種負累感的源泉。那麼，要想擺脫這種阻礙發展進步、吞噬人生幸福的負累感，我們就必須學會對自己的生命做一些減法，包括以下三方面。

⊖ 減少慾望

　　物慾橫流的社會培育浮躁的人心，人們總會自然或不自然地滋生出沒完沒了的慾望。本來小日子過得平靜舒心，但一看到身邊人更為富麗堂皇的生活，自己就再也坐不住了，開始絞盡腦汁地掘金，不斷地擠出時間、壓榨健康，這樣的你怎麼可能不累？要知道，造物主總是擎着一桿公平的秤，沉甸甸的物質你拿得多了，

精神上的愉悦自然就會變少。你之所以不快樂，正是計較太多，妄想着把世間的一切都握在手裏，少了哪一個都捨不得。但人的慾望是無止境的，你一直任由慾望無限地膨脹，一直追求更高品質的享受，一直求索，一直想要獲得，當然只能得到忙碌而又空虛的生活。不如索性壓制你的慾望，不再苦苦地追求等待，轉過身來，微笑着品味此刻的生活，包括以下三方面。

○ 減少壓抑

　　現代人要扮演的社會角色愈來愈多，多重身份的碰撞與巨大的生存壓力之下，很難做到沒有「累」的感覺。面臨着來自四面八方的激烈競爭，你也不得不感嘆一聲「壓力山大」。當然，有壓力才能有動力，壓力的存在是必然的。只是當你感覺自己壓力太大的時候，不要急於否認和對抗，而應採取一定的科學方法加以疏導與宣洩。繁忙地工作了一天之後，你可以試着品品茶、散散步、聽聽音樂；有較多空閒時間的節假日裏，你可以戶外遠足、登山看海，讓旖旎的自然風光淨化你的心靈，消減身心壓力；即使只有一點點屬自己的時間，也可以做個深呼吸、泡個熱水澡、小憩片刻、利用午飯的時間聊點明星八卦……這些小小的調劑都能讓你暫時脫離高壓的工作環境，在不知不覺中消除疲勞，甩開「累」的感覺。

○ 減少迷茫

　　人們有時説到心累，其實是將自己置於堅持與放棄之間，一直來回搖擺。那種未知與迷茫，給無措的心靈帶來了一個又一個難解的選擇題，令你一次又一次地徘徊張望。生活中總該有一些堅持，但相應地，也必定會有所捨棄。放棄與堅持，正是人生的兩大主題。我們要努力做到有勇氣來改變可以改變的事情，有胸懷來接受不可改變的事情，有智慧來分辨兩者的不同。轉變曖昧不明的人生

態度，學會放下，學會捨棄，敢於堅持當然是一種大氣，但勇於放棄又何嘗不是一種壯舉？學着寬容、看淡、想開、體諒，忘記那些反覆糾纏的恩恩怨怨，忘記凡塵俗世的燈火輝煌，忘記別人的竊竊私語和暗處裏那些揣測的眼光，努力活在自己的世界裏，淡定快樂，隨心順意。

　　人之所以會痛苦、會累，就是因為追求的東西太多。總是把一切都看得很重，總是把簡單的問題變得複雜，你當然無法逃離那忙碌生活的星辰大海。**不如減輕生命的重負，放下無謂的包袱，坦然地笑對生活，得失參半，順其自然，人生定會美好如初見！**

懂得
自我推銷

在人人都有麥克風的時代,一味沉默也未必是金,反而更有可能是埋沒天才的沙土。我們必須勇敢地呼喊,才能讓世界聽到我們的聲音。

⊝ 在充盈飽滿的基礎上推銷自己

推銷自己必須首先保證你有值得推銷的東西。如果你現在還沒有那麼強大,沒有那麼多能力,最好保持低調與謙遜,在含蓄和克制中悄悄壯大自己。你或許要暫時做一些自己並不喜歡的工作;你或許要暫且忍受默默無聞的自己;你或許心有不甘,認為自己不該潦倒如斯;你或許滿腹抱怨,覺得那些風光無限的人水平根本就不如自己……你或許會有很多這樣那樣的想法,但在你變得更優秀之前,請不要左顧右盼,只穩穩地走好腳下的路。要知道,很多抱怨自己懷才不遇的人,其實是因為他們所懷的「才」還不足以令他們「遇」;千里馬也許根本不需要等待伯樂,努力令自己奔跑起來,努力使自己卓爾不群,它的伯樂便是自己。

⊝ 推銷自己要掌握好分寸與尺度

推銷自己不是沽名釣譽,不是整日裏挖空心思、想盡辦法,只求令自己名聲大噪。在充分表現自己的同時,一定要把握好其中的尺度,萬不可展示變成了自黑,推銷演化為炫耀。不論是在工作中、在生活裏、在自己的交際圈內,還是在你所參加的社會活動

裏，都要做到不掩藏自己的看法、不埋沒自己的才能、不沉溺於審時度勢、不過分退讓與謙虛，並且努力為自己爭取應得的肯定與美譽；而這些，正是一個人邁向成功的必由之路。但你千萬要記住，物極必反，凡事過猶不及，不分時間、對象、場合地一味推銷自己，有可能會令你陷入尷尬的境地。有人說，謙虛使人進步，過分的謙虛卻會阻止人進步，而究竟進步與否，關鍵在於能否把握好其中的「度」。

⊖ 推銷最真實的自己

娛樂圈的明星似乎都很善於推銷自己，他們不計較狗仔隊的日夜跟隨，不在意私生活的公開披露，甚至不惜精心設計一些緋聞秘事，陋事醜聞，只為被媒體曝光後增加自己的話題性，提高自己的知名度。其實，這些只能被稱為「炒作」，而不是我們所討論的推銷。推銷不應只有功名利祿熏心入腦，更不應戴着虛偽的面具示人，你所推銷的，只是你自己，是一個真實坦蕩的你。如果去暗中操作，弄虛作假，甚至遮遮掩掩地行一些苟且之事，那麼，你就給自己套上了謊言的枷鎖。隨後便如滾雪球一般，需要不斷地用更大的謊言來掩飾謊言，久而久之，你會離真相愈來愈遠，你的人生就變成了一個巨大的謊言。如此，基本的做人底線都已被踐踏殆盡，何談志向與理想，何談進步與發展？

永遠記住，不是所有的努力，都能被人看到；不是所有的付出，都會有所回報。**與其在鬱鬱不得志中心生怨恨，不如在辛勤耕耘間展示自己，學會自我推銷，勇敢地築牢自己的宣傳陣地。**

轉變思想才能不再平庸

世界第一成功導師、潛能激勵大師安東尼‧羅賓斯說過：「人生就注定於你做決定的那一刻。」人的貧窮，首先是思想的貧窮；要想擺脫平庸的生活，關鍵在於轉變你的思想。不妨先問問自己：你可願匱乏與貪瘠主宰人生？你可願平庸與瑣碎充斥着生活？是的，你當然不願意，那麼，你可知怎樣在弱勢與不利中破局？最重要的一點是，你必須學會充分運用自己的意識與頭腦。而頭腦正是一個人最寶貴的資產，可一旦運行偏轉、使用不當，就將成為人最大的負累。你可曾感覺自己上升的路愈走愈窄，光陰愈來愈晦暗不明，日子愈來愈可有可無，你似乎一輩子也無法衝破思想的局限，活着活着就成了一種平庸。此時此刻，你務必及時轉變思想，努力找到出路，更好地分辨出最緊要的工作，而不是把大部分精力耗在一些瑣事上，將時間輕而易舉地揮擲出去。

要想富足快樂，脫離平庸，你必須首先做出一項重要的人生決定──轉變既有的人生觀念，善用生活所賦予你的一切資源。如果你能夠掙脫從前的生活，樹立全新的理念；如果你確實清楚了努力的目標，並且願意奮力一搏、屢敗屢戰；如果你在幾番摸索中尋覓到了有效的行事方法，並適時地加以完善調整，令思想與做法始終緊跟時代的步伐，那麼，你就能好好地享用你的一生，沒有辜負大好的光陰、似水的年華。到那時，誰還敢指摘你的平庸，那些長長短短的日子裏，再沒有任何你做不到的事情。「生命拋來一個檸

檬，你是可以把它轉榨為檸檬汁的人。」你當轉變觀念，超越自我，做一個有思維、有能力、有理想、有追求的人；你當揮灑熱情，描繪明天，愈發愛上這燃燒不熄的生命。

方法 34 活出嶄新的自己

⊙ 活出嶄新的自己必須努力「充電」

知識大爆炸的時代裏，每個人都在逆水行舟，不學習、不進步，就會不可逆轉地退步，分分秒秒被淘汰出局。如果不及時更新自己的知識結構，豐富和完善專業素養，你就會感覺愈來愈吃力，感覺自己的能力和水平大不如前。不學習的人連維持現狀都無法做到，就更不要提超越與發展。所以，**我們必須首先老老實實低下頭去，抓緊每一分每一秒，求知若渴地不懈學習、終身學習**。從書本中學習，從既往的經驗中學習，從實踐操作中學習，也從周圍的每一位同事、前輩身上學習。既學習專業知識，又學習人生經驗，既提升業務質素，也增強品格修煉，在成為「能吏」的同時，做一個好人，做一個好官。

⊙ 活出嶄新的自己必須敢試敢闖

你害怕「槍打出頭鳥」，你不敢拋頭露面，你永遠覺得站在眾人身後會更安全，那麼你也只能在安逸中沉淪，在懦弱中平凡。通往成功的路總是無比凶險，如果你一直瞻前顧後，如果你只想護得自己週全，那麼你一定到不了人生的頂峰，那裏雖然冷峻奇絕，但有着「一覽眾山小」的氣魄，有着貪戀平地的人終其一生也領略不到的風景。索性拋卻一切顧慮，跨愈一切羈絆，淒風苦雨中踽踽獨行，再苦再難也要咬緊牙關。正如「大滿貫」網球選手李娜所說

的那樣：「自己選擇的路，就是跪着也得把它走完。」人的一生，總該有一些揮灑青春、熱血沸騰的片段。有夢想，就該去闖、去試、去打拼。既然選擇了遠方，便只顧風雨兼程；既然目標是地平線，留給世界的就只能是背影。

⊖ 活出嶄新的自己必須勇往直前

　　超越和再造自己絕不是空口說說那麼簡單——你可知，一隻蛹要經受住多少個日夜的無邊黑暗才能破繭成蝶？一隻鳳凰要忍過多少次烈焰灼身才能浴火重生？我們對於自己改造和修補的過程也會如此，甚至更難。在決定掙脫平庸之前，不妨先問一問自己，你能否有魄力向自己舉起手術刀？你是否能夠接受與那個習以為常的自己一刀兩斷？那種硬生生的割裂和血淋淋的縫合很可能會成為你生命中不能承受之重；所以，在做出決定之前，你必須準備好自己的決心、毅力、忍耐與胸懷，你必須破釜沉舟、勇往直前。

　　如果你日日虛度光陰，感覺這生活一眼就看到了盡頭；如果你心生乏味厭倦，感覺這並不是年少輕狂時曾經描繪過無數次的明天；如果你自感壓抑苦悶，感覺自己已經到了「不在沉默中爆發，就在沉默中滅亡」的生死關頭。那麼，請趕快動起身來，擺脫生活那平庸腐朽的慣性，努力碰撞出激情四射的火花，即使只燃起一簇小小的火苗，你也能從那鮮活跳躍的火花之中，尋覓到一個煥然一新的自己。

方法 35　給自己找一個對手

　　江南才俊周瑜為人風雅，文韜武略蓋世。雖然他與諸葛亮屢次鬥智鬥勇，但二人稱得上惺惺相惜，失去這樣強大的對手，諸葛亮自然會發自心底地扼腕嘆息！「一個人最可怕的是沒有對手。」一個英雄最大的悲哀不是行將踏上末路，而是盛年之時寂寞禦風、獨孤求敗。所以武林高手無比推崇華山論劍，總是不依不饒地闖進別人的生活，迫得敵我雙方聞雞起舞，勤學苦練，日新月異，登峰造極。這是因為只有對手，才讓他們覺得自己確實存在。如果你也覺得自己日趨沉淪、漸趨平庸，那麼，解決問題的最好辦法就是給自己找一個對手，並以此激勵你不斷前進。

⊖ 找一個強大的對手

　　鼴鼠跑來挑戰老虎，傲氣十足地對老虎說，以森林之王的位置為賭注，如果老虎輸了，就由牠來統治整片森林。老虎斬釘截鐵地拒絕了這個要求，老虎說：「不是我不敢答應你，而是我不能選擇你這樣的鼠輩作對手！」正所謂「物以類聚，人以群分」，與優秀的對手角逐，才能令自己快速成長起來。一個強大的對手，能夠激發我們天性中的爭強好勝，令我們奮勇爭先，不甘平庸；一個強大的對手，能夠鞭策我們不斷前行，令我們從不懈怠，不敢放鬆；一個強大的對手，能夠督促我們時刻保持危機感，心存憂患，愈發完善，在日益激烈的競爭中昇華自己，拓展人生。

⊖ 愛你的對手

肯德基和麥當勞作為全世界最大的兩個快餐連鎖企業，總是在同一座城市遍地開花……一個人也是如此，一旦沒有了對手，就會惰性泛濫、庸碌無能。所以，請愛護和尊重你的對手，不失良性的競爭觀念，不存置之於死地之歹心。不必抱怨對手搶了你的風頭，也不必懷恨對手讓你的事業一波三折、危機頻發，更不必設下圈套、使出損招想方設法絆倒你的對手，理性、公平地與其競爭，向你的對手學習、致敬，並在不斷的挑戰中盡快邁向更高的成功。

⊖ 利用好你的對手

摘下偏見的有色眼鏡，正確看待你的對手。沒有他，你就成了自娛自樂的籠中鳥，自高自大的井底蛙；沒有他，你會在唯我獨尊中步步落後，在自得其樂中妄自尊大。我們需要強大的競爭對手，通過與他們的交鋒，達到「沒有最好，只有更好」的崇高目標；我們需要上進的競爭對手，在你退我進的追逐戰中，令自己的生活充滿挑戰與激情。「會當凌絕頂，一覽眾山小」的風景自然無限好，但我們更需要一份「高處不勝寒」的領悟與警醒。

給自己找一個對手，並努力向強大的對手「靠攏」。將其作為自己的榜樣，汲取教訓，少走彎路，學習經驗，掌握主動。

不要讓自己的心衰老

　　哈佛大學的心理學教授曾經做過一個實驗，招募 16 位 80 歲以上的老人，並將其分成兩組。實驗組的老人在接下來的一週裏，要時刻把自己當作年輕人看待，所有的談話、討論與生活都按照年輕人的方式進行；而對照組的老人則沒有甚麼明顯變化，依舊按照自己習以為常的方式度過一週的時間。令人驚訝的是，實驗組的老人漸漸地主動在餐廳幫忙，吃完飯後也會幫着收拾，他們的姿態、步伐都開始變得年輕，手也變柔軟而靈巧，體重有所增加；而對照組的老人卻與之前沒有甚麼不同。在此後的智力測驗中，實驗組有 63％的老人分數明顯提高，而對照組只有 44％的老人略有進步。

　　事實上，正是這種「自認為年輕」的心態給了實驗組老人很大的鼓勵，並形成了最後的巨大差異。心理學家認為，思想起作用的基本原則是：你想得愈多的事，對你的吸引力就愈大。你想要胸中永遠激情澎湃，世界永遠新鮮刺激，那麼，你一定不要讓自己的心衰老，始終相信自己還年輕，你就會萌發出無窮的幹勁和向上的活力。

⊖ 擁有良好的心態

　　青春不僅僅是人生的一個階段，更是一種蓬勃向上的心態。人就是活一個心態，保持年輕的心態，是一種睿智的人生藝術。青春的本質並不是黑髮紅顏，而是堅強的意志、不懈的拼搏、飽

滿的情緒和精神。擁有良好的心態，就會讓浮躁歸於平靜，蒼老
回歸年輕。

⊝ 多與年輕的朋友交流溝通

　　年輕人的世界裏，一切都別具一格，沒有世俗條框，只有層出
不窮的創意碰撞。「長江後浪推前浪」正是人類生生不息的動力，
多與年輕人接觸，你會重燃激情，為身邊的世界重新定義；你也會
蕩滌內心，用青春的眼光去發掘美好與善意。從年輕人的角度看
去，原本熟悉的世界似乎別有洞天，與年輕人做朋友，你也會漸漸
擁有活力四射的強大內心。

⊝ 嘗試着改變自己

　　活得久了，你的心也許長了堅硬的外殼，很久沒有那種悸動與
感動，日子過得一模一樣，生活看起來再沒有甚麼不同。你變得老
奸巨猾、老謀深算、老氣橫秋，不肯接受、不肯相信、不肯以真面
目示人，也不肯輕易擔着風險做任何形式的改變。這樣的平靜老
練，一成不變，生活怎麼還掀得起波瀾？不如用豁達戰勝狹隘，讓
心胸寬廣如大海；不如用寬容擊敗陰暗，帶着一顆純淨的心行走於
世間。讓自己保持樂觀，讓自己的心做一些改變。增強自信，做情
緒的主人；堅定自我，不在乎別人的議論；加強學習，知識是自信
的源泉；培育隱忍，用積極進取代替消極疲懶。

敢於冒險為自己創造機會

> 有一個貧窮的農夫，擁有大片的良田，卻常年任其荒蕪、顆粒無收。好心的鄰居跑過來建議：「你的生活境遇一直不太好，不如在地裏種上一些煙草，這種農作物收益比較高，也許能夠幫助你發家致富。」農夫立刻搖頭：「哦，我的朋友！我從來沒有種過煙草，我擔心自己不會侍弄。」鄰居點點頭説：「不然，你也可以試試棉花，它的種植方法你應該並不生疏。」農夫連忙向他擺手：「我擔心蟲子吃光了棉桃，要知道，棉花實在太容易生蟲。」鄰居沉思了一下，繼續説道：「那索性種上一些麥子吧！那個更簡單一些。」農夫趕緊予以否定：「我擔心天下不下雨，今年看起來似乎又是一個旱季。」鄰居非常困惑，不死心地追問：「那麼，你究竟打算種些甚麼呢？」農夫坦然地回答：「哦，我的朋友！事實上我甚麼也不打算種，因為只有這樣才最保險。」

看，這個一直前怕狼後怕虎的農夫，其實就是很多人的真實寫照——永遠站在人群裏，不願意擔任何風險。但他們不明白的是，敢於冒險才有機會，生活中最大的風險就是不冒任何風險。要知道，「成功細中取，富貴險中求」，穩穩當當就能拿到手的，從來都不是最好的機遇；很多真正改變命運的機會都要靠自己積極地爭取、創造。但你總是不敢去嘗試，害怕要冒失敗的風險，可你為何不想一想，冒險去做意味着你還有一半的可能會成功，而站在原地一動不動，機會可不會平白無故砸在你的頭上，此時你成功的可能

性只能是零。

生命就是一場修行。你想要迴避受苦，就學不會體驗與感受；你想要迴避悲痛，就觸摸不到愛與自由；你想要一成不變，就不會懂得成長與給予；你想要遠離冒險，就同樣遠離了成功。我們不是鴕鳥，總把自己的頭深埋進沙裏，行掩耳盜鈴之舉，騙取心靈上的解脫與寧靜；我們是理性睿智的人，血氣方剛，躍躍欲試，懂得很多事情無可逃避，必須堅強起來，憑藉雙手去打拼出一片天空。即使你仍舊存着僥倖的念頭，即使你依然害怕一步險棋之後的排擠與圍攻，即使心底仍有膽怯，腳步依舊猶疑，只要你勇敢地邁出了第一步，你就會發現，困難就像一個欺軟怕硬的彈簧，你硬它就軟，你弱它就強。

永遠不要被自己心中的平庸與懦弱所捆綁，勇敢地踏上冒險之旅，創造機會，抓住機遇，你就會儘早與成功相遇。

永遠
心懷希望

　　無論你正面臨怎樣的挫折，還將遭遇怎樣的打擊，都請你記住，永遠不要輕言放棄。**希望是堅韌的拐杖，忍耐是旅程的背包，帶上它們，人們可以登上永恆之旅。**哪怕遇到再大的艱難險阻，勇敢越過絕望，必然萌生希望，努力涉過死地，前方來就是生機。生命不息，奮鬥不止，一定要永遠心懷希望，相信夢想的人，能夠一直看得到遠方，不會輕易感到絕望。

⊖ 自信的人不會絕望

　　一個人要真正充滿希望，就必須首先擁有絕對的自信，能夠層層突破那種「自我設限」的心理障礙。那麼，怎樣才能擁有強大的自信呢？最關鍵的一點就是真正地認識自我，這是一個人自信的依據與基礎。老子說：「知人者智，自知者明。」一旦你能夠理性認識自我、積極肯定自我、重塑自我形象、把握自我發展，你就能及時地摒棄自我放棄的消極意識。如此，即使你處境不利，遇事不順，只要堅信自身的巨大潛能、獨特個性以及優勢長處依然存在，你就能夠做到心懷希望，鬥志昂揚。

⊖ 正向思考的人不會絕望

　　正向思考的人，始終相信山重水複，柳暗花明，始終堅信我能行，我一定會成功，這樣的人又怎麼會中途放棄？因此，要始終堅持積極的自我意識，看到每一次險境中的生機，抓住每一次失敗背

後的機遇，利用正向的自我激勵與心理暗示。告訴自己一次失敗、百次失敗都不可怕，只有經得了失敗的人，才受得起成功；告訴自己也許你已經失敗了一千次，但在第一千零一次的轉角處等着你的，就是你夢寐以求的成功。

⊖ 屢敗屢戰的人不會絕望

人們總是害怕自己不夠聰明，在一個地方摔過跟頭之後，他們會毫不遲疑地立刻轉去下一處戰場，唯恐自己看起來像一頭「不撞南牆不回頭」的倔牛。其實他們不明白，大凡古今中外的成功人士，最不可或缺的就是這種屢敗屢戰的倔勁。不要總是盯着別人的美好和幸運，而忽視他們在獲得這份美好之前的耕耘與付出。世上的成功永遠不會一蹴而就，不通過一次次的努力來提升自己，不憑藉一次次的摸索來壯大己身，你憑甚麼認為自己有資格觸摸到成功之門？又憑甚麼舒舒服服地踏上美好和幸運的人生道路？請永遠不要臨陣脫逃，甚至不戰而屈，老老實實地埋下頭去摸着石頭過河，也許你會被水冰到，也許還會磕破腳趾，但只要忍住成功前的一次次陣痛與無言的寂寞，一天天進步，一點點成長，你終會遇見最好的自己。

永遠神采飛揚，永遠心懷希望，堅信你就是一座金礦，只要持之以恆，一定能夠在奮鬥的人生中大放異彩、光芒萬丈！

在平凡的工作中發現樂趣

人每天超過三分之一的時間會在工作中渡過,一生之中最精力充沛的時光也要留給工作,但一份好的工作太難定義:太平靜的工作未免枯燥、太拼搏的工作又使人疲勞、平凡而平淡的工作似乎總是缺少活力與樂趣……我們的生活彷彿一直這樣,矛盾着、糾結着,猶疑不定,顧此失彼。其實,這也很好理解,整個世界都是這樣聯繫孤立,矛盾統一,看起來很不完美,卻又真實客觀地存在。如此,我們還能再抱怨些甚麼?生命就是一個由絢爛歸於平淡的過程,再有激情的工作,做得久了也漸漸變得習以為常,變得平凡無比。當然,日子不應只是一潭靜水,正如五彩斑斕的生活不會僅由一張張白紙組成,我們一定要學會在平凡的工作中發現樂趣。那麼,怎樣工作才能不乏味呢?

⊖ 每天為自己定下目標

我們必須認真地看待自己的工作,哪怕它本身平凡無奇,也要自己尋找一些樂趣。可以每天樹立一個合適的工作目標,比如:完成一篇上司講話、做好檔案的初步整理,甚至收拾文件櫃、與心存芥蒂的同事講和……這些大大小小的事情都可以用來增加工作的熱忱與動力。如此,你在完成每天的小目標後,就會獲得一種攻克難關、未曾虛度的成就;也可能得到上司同事的認可和表揚,從而獲得心靈滿足感。而樂趣恰恰源自這些日益堆積的成就感與心靈的滿足。從中收穫快樂的你,既展示了自己,又獲得了進步,就會

愈發願意制定並完成下一個目標，一次次增強自信，獲得連續不斷的成就感與心靈滿足，同時俯拾起連續不斷的快樂。

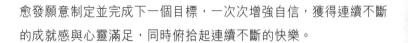 善用心理暗示

即使你正從事着能夠實現自己人生理想的工作，一直這樣枯燥繁重、缺少樂趣地奮鬥下去也是一件艱難而痛苦的事情。不如利用一些輕鬆積極的心理暗示，把工作內容以及每天遇到的人和事，與自己感興趣的事情一一對應、加以聯繫，這樣就能萌生出很多意想不到的樂趣。你可以採用語言暗示的方法，告訴自己「我很喜歡這份工作，很珍惜在工作中獲得的快樂」；也可以採用行為暗示的方法，讓身邊人深深相信你在工作中找到了很大的樂趣，他們的羨慕眼光與言語表達，同樣能夠反過來激勵你；還可以常常提醒自己這份工作給你帶來的好處：令你學到更多知識能力得以提升、令你做到了中層上司的位置、令你累積了工作經驗、令你獲得了穩定的收入、令你擴充了人際網絡、令你在忙碌中體會到了腳踏實地的感覺、令你有更多的機會接近成功……

發掘自己的愛好

平凡的工作中也有很多樂趣可尋。謄寫文件時不妨順便練練字，工作之餘可以在辦公室裏侍弄花草，寫材料時可以順便累積好詞好句，幫助同事完成手頭緊急工作的你也會因給予而擁抱快樂……在工作的間隙努力尋找快樂，既提升了工作質量，又滿足了精神生活。你會發現自己累積的知識愈來愈多、生活歷練愈來愈多、工作樂趣也愈來愈多。

與其在幽幽暗暗、反反覆覆中追問，不如好好體會平平淡淡、從從容容才是真。經歷過工作的平凡，才能領悟生活的真諦，那就是知足常樂。

總是集中注意力

> 你可曾因坐不住板凳而屢次被老師訓斥，你可曾因聊天笑鬧而誤闖過紅燈，你可曾因思想不集中而搞砸過商業談判，你可曾因精神恍惚而耽誤過十萬火急的事……這些似乎不過是些小問題，卻總是給你帶來很多困擾，甚至嚴重影響了你的工作、生活與學習。那麼，這到底是怎麼一回事呢？問題就源於你那糟糕的注意力。

注意力就是集中於某一方面事物的心思。它與記憶力、觀察力、想像力、思維力並列為智力的五大基本組成要素，又被人們稱作「心靈的門戶」。俄羅斯教育家烏申斯基認為，「注意」是我們心靈的唯一門戶，意識中的一切，必然都要經過它才能進來。而具有注意的能力就是注意力。**只有集中注意力的人，才能清晰地感知、思考、判斷、決策，才能獨立深入地完成一項工作任務，而不為外物所干擾、迷惑。**也就是說，注意力其實是智力的其他幾大要素的支持與指引。注意力不佳的人，即使記憶再準確、觀察再細緻、想像再具體、思路再清晰都是枉然，因為他們根本無法保證從始至終地集中和關注同一件事情，進而完成整個判斷與處理的行為過程。

人的精力畢竟是有限的，我們當然要令自己全身心地傾注於某件事情，才能更容易獲得成功。否則，就會令自己學習成績變差、工作效率降低、自信心嚴重受損、個人意志日漸消沉。而這樣乏味平庸的自己，必然是每個人都不願意看到的；所以，在你為自己不

自覺的三心二意和精力分散而苦惱時，不妨試試以下幾種鍛鍊提升的方法。

集中凝視。包括靜視、行視、拋視等多種方式。其中靜視是指在複雜的環境中，準確地找出一樣東西，仔細觀察並在心中默數60秒後，閉上眼睛回憶、描述它的形態特徵，在儲存大量視覺訊息的同時，提高你的注意及觀察能力；行視，顧名思義就是邊走邊看，一路默記盡可能多的物體，以此鍛鍊大腦的瞬間注意力；拋視是指選擇一些不同色彩、形狀的木塊，將其充分混合後，隨手抓出一些拋起，然後回憶這些木塊落下的順序；此外，還有速視、統視等訓練方法，都能有效地改善神經的反應能力和專注力。

舒爾特方格。在25個方格內亂序填寫1-25之間的數字。然後按下秒錶，按照順序依次指出1-25的數字所在的位置並朗讀出聲，記錄每次訓練所用的時間。時間愈短，則說明你的注意力水平愈高。

計數訓練法。大聲地從100、99、98……倒序數到1，反覆多次訓練，力求又快又準。這種倒著數數的方法可以有效集中注意力，長期練習下去，會對注意力提高有一定的幫助。

Chapter 5

戰勝負能量的
情緒調節法

將恐懼
踩在腳下

很多人都患有不同程度的恐懼症，即使看起來再強大的人，也會有自己的軟肋。總是耀武揚威的大塊頭肌肉男很可能在私下裏懼怕老鼠蟑螂，衣冠楚楚的成功人士也許正發着抖等待即將到來的公開演講，年輕女性會怕黑怕鬼，初生牛犢的小孩也會害怕巫婆害怕大灰狼……恐懼的對象常常不盡相同，恐懼的理由也是多種多樣。

恐懼是指當人受到可怕情景的刺激時，內心深處所產生的一種緊張的情緒反應，源自其對於某種事物無法自控的害怕和驚慌。人們會滋生恐懼是極為正常的，但如果這種消極情緒持續的時間過長、深度過大，就會對人體產生一系列危害。心理學家認為，對人的身心健康損害最大的負面情緒就是恐懼。恐懼會使人的心跳加速、呼吸短促甚至停頓、血壓升高、四肢無力等，而這些生理功能的紊亂，往往會引起人的心理活動與行為方式的雙重混亂，最終導致疾病的發生。醫學實驗證明，外部致病因素的作用過程，首先是令人滋生恐懼的情緒反應，然後其他心理、生理的功能異常變化才會隨之產生。也就是説，我們總是先生出對疾病的恐懼，然後才生了病。

由此可見，恐懼情緒會支配人的整個身心，並陸續帶來種種危害。即使達不到致病的程度，也會阻礙正常的知覺、記憶和思維，使我們無法對事物進行理性的分析、判斷與處理，最終造成窘態百出，舉止失當。那麼，我們應當怎樣克服恐懼，戰勝負面情緒？

⊖ 正視心中的恐懼

「金無足赤，人無完人」，世界上本就沒有十全十美的人。仔細想想，其實身邊的每一個人都有這樣或那樣的不足之處，我們也要允許自己有做不到的事，何不坦然地說出「我害怕」、「請給我一點時間」。面對恐懼，我們要做的不是刻意地隱藏和逃避，而是找到它、正視它，弄清楚自己該往哪個方向改善。我們可以試着把恐懼的事情或東西一一寫下，認真分析後，仔細想清楚前因後果：為甚麼你會怕它？事情發生時，真正理性的處理方法是甚麼？最好的結果是甚麼？最壞的打算又是甚麼？考慮清楚這些，你也就做好了戰勝恐懼的心理建設與思想準備。

⊖ 保持積極的心態

當人的生命安全、名譽、前途和經濟利益等具有重大意義的事物受到威脅時，恐懼的情緒就會噴湧而出，支配人心。如果能夠樹立起正確的人生觀，不把個人的名利地位和物質利益看得太重，就能做到「無私者無畏」，臨危不懼，泰然處之。索性堅定理想信念，經常保持輕鬆向上的心態，心情愉悦、恬淡自然之時，一切事物都會變得不足為懼。在遇到可怕的情景，產生恐懼情緒之後，要及時加以迴避，轉移注意力，比如找朋友聊聊天、聽聽音樂、散散步等，都會令恐懼情緒很快得到緩解。

⊖ 向恐懼宣戰

每個人心底都藏着一個名叫「恐懼」的小魔鬼，面對它的侵擾和偷襲，我們一定要勇敢出擊，大膽宣戰。「恐懼源於未知」，正如古人會懼怕日食、颶風、打雷、閃電，而由於我們知道這些都屬正常的自然現象，心中就不會產生盲目的恐懼。所以，深入地學習

相關知識，就能夠用科學來擊破你那些未知的恐懼。積極主動地開展強化訓練，**愈是令你懼怕的，愈是要多了解它、接觸它，天長日久後，你會覺得它也不過如此**，自然就消滅了心底的恐懼。比如你懼怕當眾發言，那就故意去人多的場合，參加集體活動，經常做一些公開的講話，這樣頻繁的接觸能夠有效緩減被人關注時的焦慮與緊張，漸漸地令你敢於自然得體地發表演講。

　　與恐懼狹路相逢時，你無須驚慌失措，難以自持，只要勇敢地邁開步伐，就能將恐懼踩在腳下。

堅信天無絕人之路

拉里·金所主持的《拉里·金現場》（*Larry King Live*）節目自開播以來成功熱播了 25 年，創下了「世界上持續時間最長的晚間電視談話節目」的吉尼斯世界紀錄。而拉里·金本人也成為第一個在世界範圍內頗具盛名的脫口秀節目主持人。他曾經被美國《時代》雜誌稱為「麥克風霸主」；他的脫口秀節目影響了老老少少的幾代美國人。

拉里·金稱不上天資聰穎，更談不上一帆風順，卻憑藉一顆屢敗屢戰、永不言棄的心，終於攀至人生的頂峰。其實人這一生，並不會真的順風順水。**最重要的是每次跌倒之後都能勇敢站起，堅信希望永遠存在，絕不氣餒，絕不放棄。**

⊖ 相信自己

相信有着一種很神奇的能量。心理學上有一個「皮格馬利翁效應」，説的是要想使一個人更好地發展，就應該相信他的能力，給他傳遞一種積極的期望，而這種期望會對人的行為產生極大的影響。通俗講來就是「説你行，你就行；説你不行，你就不行」。因此，我們一定要相信自己，給自己足夠積極的心理暗示。只要努力，我們當然能夠憑藉自己的雙手打拼一番事業，能夠在一點一滴的累積中創造不凡的業績。即使你感覺自己似乎總是在低着頭默默耕耘，也不要早早地放棄，就這樣堅持下去，定會收穫一段充實幸福的人生之旅。

⊝ 積極行動

　　自信是一種積極的情緒，希望更是一種迸發激情的動機。我們在擁有了充足的自信之後，就要拼搏探索，投身實際，一次次嘗試，一次次累積，在不斷實踐中激發自己不屈不撓的勇氣。當然，做事情都會有挫折，有成功就會有失敗，不要輕言放棄，那些從一場場失敗中收集而來的成功碎片，會為你提供源源不斷的精神動力。

⊝ 感恩命運

　　人生路上，有風雨就會有彩虹，有鮮花就會有荊棘。我們無法對自己的命運挑挑揀揀，我們所能做的唯有心懷感激。因為苦難，快樂才會更加甘甜；因為挫折，生命才會更加堅韌；因為彷徨，遠方才會令人嚮往；因為黑暗，光明才會愈發輝煌……既然苦和樂正如人世間的陰和陽，無法單獨割捨任何一方，那麼索性愛上這樣跌宕起伏的生活，對上蒼賜予我們的一切都欣然接受、泰然自若。愛上今天的自己，我們才能更加執着地追求明天的美好；接受眼前的現實，我們才能真正地擁抱愛與遠方。

　　「自信」和「執着」是這世上最可怕的兩個詞，自信的人重塑自己，執着的人改變命運。都説人生是一齣戲，只要你足夠投入，足夠用心，就再沒有甚麼可以阻擋你。

方法 43 要掌控心中的怒氣

在我們的工作和生活中，難免會有與他人意見相左、發生衝突的時候，此時，你當然會鬱悶、生氣，這是無法避免的。但如果你任其發展、不知控制，傷人的話就會脫口而出，甚至會愈鬧愈大，使衝突愈演愈烈，影響到正常的工作秩序，傷害雙方感情。這種局面是任何人都不願意看到的；所以，我們一定要學會克制自己的怒氣。而止怒最直接的方法就是「忍」。**一個「忍」字，上面是一柄刀刃，下面是一顆心，也就是說只有承受着刀刃割心的痛苦，才稱得上「忍」。**只有當你碰到了不可理喻的人，遇到了匪夷所思的事，仍舊能夠克制自己，不失耐性，不發脾氣時，才真正地體現出你高尚的品格和修養。

要知道，亂發脾氣不僅會破壞心情、耽誤工作、影響人際交往，更會給自己的身體健康帶來嚴重的威脅。中醫認為：七情（喜、怒、憂、思、悲、恐、驚）過極，均可致病，尤以發怒危害最大，故有「怒傷肝」之說。很多常見疾病的發生、加重都與「肝火」有關，其中以心肌梗塞和腦血管意外尤為突出，分別佔現代人死亡原因的第五位和第六位。據世界衛生組織報告，每年至少有 1700 萬人死於心腦血管疾病。而其中大部分人的死亡誘因就是一怒之下「肝火旺盛」「肝陽上亢」。所以，永遠不要在患病之後才醒悟「任何事情都不值得大動肝火」，克制你的怒氣，請從現在開始學習。

⊖ 解除戰備，放鬆身體

人在怒火沖天、情緒激動的時候，身體總是繃得緊緊的，似乎時刻準備開戰一樣。當你感覺難以遏制自己的怒氣時，首先要使身體放鬆下來。美國心理學家提出了遏制怒氣的三原則：「首先降低聲音，繼而放慢語速，最後胸部挺直。」就是通過身體語言的放鬆，來淡化緊張的氣氛。人一衝動就會言辭激烈、高聲快語，此時有意識地降低語調、放緩語速都有助於緩解情緒衝動；而挺直胸部，則能夠避免形成威逼對方、相互對峙的局面。

⊖ 轉換立場，將心比心

不加克制地大發脾氣，自己也許暫時得以宣洩，卻會令別人滿腹委屈，這就是將自己的痛快建立在了別人的痛苦之上。試想一下，如果有人不問理由地朝你大嚷大叫、亂發脾氣，你的心裏又會怎麼想？況且，做人當有一份「雅量」，應當待人以寬，責己以嚴，懂得容人饒人，不亂指責別人，拿別人撒氣。英國管理學家拉斯托姆吉曾說：「如果發生了爭吵，切記免開尊口。先聽聽別人的意見，讓別人把話說完，要盡量做到虛心誠懇，通情達理。靠爭吵絕對難以贏得人心，立竿見影的辦法是彼此交心。」一個為別人着想、體諒別人的人，絕不會遷怒於人，令事情陷入僵局。其實，憤怒的情緒是突發而短暫的，一旦避過了「氣頭」，雙方就會更加理性，矛盾也會更容易解決。所以，當自己情緒亢奮時，不妨設身處地為對方想一想：這種時候，他的想法你不能苟同，而自己一時之間也很難說服對方，不如索性都冷靜一下，減少對抗，壓住「氣頭」。

⊖ 自我暗示，轉移注意

　　俄國文學家屠格涅夫勸誡那些情緒激動的人，「最好在發言之前把舌頭在嘴裏轉上幾圈」，多給自己一點時間，幫助自己冷靜下來，恢復理性。為了避免負面情緒爆發，可以有意識地告誡自己「冷靜、止怒」、「別發火，氣大傷身」，也可以轉移話題或做些其他事情，分散注意力，鬆弛緊張情緒。比如離開「事發」現場，出去散散步、聽聽音樂；找人談談心、聊聊天；吃吃喝喝或者乾脆到健身房裏跑一跑、出出汗，這些都可以消減盛怒帶來的負能量，釋放壓力，平緩心情。

　　每一次爭執、每一次賭氣，都會在對方心裏釘下一根釘子。一定要努力制服心中的怒氣，自我安撫情緒。如果你始終不懂得釘子傷人的道理，那麼，你將永遠找不回歡笑顏開、溫和如初的自己。

方法 44

即使失敗也
不能消沉

　　心理學上有這樣一個專門的術語，叫作「假設思維」。指的是人們在失敗後，會經常假設「如果當初怎麼樣，結果就不會發生」的思維過程。而恰恰是這種想法會令人異常沮喪，懊悔自己的無能。在漫長的人生旅途中，沒有人能夠萬事如意、一路順風，總會有一些磨難和失敗潛伏於未知的前路，你當然會碰到這樣那樣的困難，甚至歷盡坎坷、飽經風雨。此時的「假設思維」也不過是事後的諸葛亮，百無一利，徒增傷心。這個時候，正確的做法是抬起頭向前看，走好下一步路。

　　首先，正確認識失敗。貝多芬說：「苦難是人生的老師，通過苦難，走向歡樂。」契呵夫說：「困難與折磨對於人來說，是一把打向坯料的錘，打掉的應是脆弱的鐵屑，鍛成的將是鋒利的鋼刀。」每個人都經歷過失敗，面對苦難的大錘，做不堪一擊的鐵屑，還是做堅強不屈的鋼刀，相信從「煙王」變身為「橙王」的褚時健，已經給了我們一個明確的答案。挫折和失敗本就無可避免，況且，人的一生中經受一些失敗，也不完全是壞事——自古「寶劍鋒從磨礪出」，失敗可以歷練人心，那些溫室中的花朵恐難成才。

　　其次，經受住接踵而來的失敗。有些人很容易被一時的失敗所擊垮，消沉頹廢，一蹶不振；有些人卻一次次從荊棘中起身，百折不撓，堅忍不拔。究其原因，就是人們對於挫折和失敗的耐受力不盡相同。其實，怎樣應對逆境、直面失敗，對於每個人來說都是一場嚴峻的考驗。那些積極樂觀、胸襟開闊的人能夠一忍再忍；反之，

那些心胸狹窄、感情脆弱的人，日漸萎靡，甚至自尋短見。心理學家認為，對於失敗的耐受力，關鍵是後天的教育、修養、實踐和歷練。我們必須有意識地鍛煉自己，堅定理想抱負，完善個人修養，在大大小小的挫折中拼搏進取，在生活的逆境中，自覺地培養提高自己對失敗的承受能力。

最後，自我昇華，戰勝失敗。失敗後，我們最先要做的不是回顧過去，而是看向未來，一直想着自己夢想到達的地方，告訴自己：「一切終會過去，你要振作起來。」在整理得失經驗時，要學會慰藉與知足，雖然暫時受挫，但畢竟努力地做過嘗試，而且自己現在過得也還不錯，不該奢望強求，而應將自己的心從煩惱、苦悶中解脫出來。總結出失敗的教訓後，就該對我們的目標進行分別對待：如果是努力不夠或者方法錯誤，就重整旗鼓，準備再戰；如果相對於自己目前的狀況來說，的確一時難以做到，便索性降低一些標準，或者暫時將其擱置，人畢竟要切合實際；實在無法突破的堡壘，我們也不必鑽進牛角尖，苦苦與其糾纏，不如以另一個更可能成功的目標來取代，這是應付失敗最實際的態度。

沒有人願意做意志消沉的俘虜，整日裏渾渾噩噩，如淺水浮萍般隨波逐流。**只要你永遠心懷希望，微笑着面對生活，消沉的情緒就會一掃而光**。相信自己，即使跌倒過一百次、一千次，也將在前行的下一個路口擁抱成功。

方法 45

不要讓猜疑成為內心的枷鎖

　　猜疑是人性的一大弱點。它令人們捕風捉影，思慮過度，凡事都往壞處想；它令人們無中生有，混淆是非，分不清善惡友敵；猜疑是一口陷阱，令人敏感多疑，無法自拔；猜疑是一方泥潭，令人產生隔閡，以訛傳訛。

　　猜疑心重的人總是太過執着於自我防衛，對外物、對自己都嚴重缺乏信任。猜疑心重的人多半有些神經質，總是盯着一些本來無關緊要的瑣事，搞得自己煩躁焦慮、身心緊張。猜疑心重的人會更加多愁善感，更愛胡思亂想，而這種性格極不利於健康、穩定而深入的人際交往。**世界本來如此美好，何必將自己鎖在猜疑的陰影裏作繭自縛、身陷心牢。不如努力掙脫猜疑的枷鎖，重新建立起對這個世界的信任與依靠。**

⊖ 增強自信，改善心理品質

　　心理學家認為，愈自信的人，愈不易產生猜疑心理。當我們加強了個人修養，提高了精神境界，信心十足地工作和生活時，心中沒有甚麼自卑、自怯，也沒有甚麼見不得光的秘密，自然就不用擔心別人的眼光，無須揣測別人是否在故意挑剔、為難自己。所以，培養自信是很有必要的，必須排除不良心理的干擾，拓寬心胸，陶冶情操。況且，擁有充足的自信以後，我們會認為遭到非議、引起流言、產生一些小誤會都不是甚麼大不了的事情，沒必要放下重要的事情不做，而一味地糾纏於此，斤斤計較。生活本就該抓緊主體

而放鬆細節，對於那些人前人後的閒言碎語，就索性糊塗些，把有限的精力放到更要緊的事業中去。

 敞開心扉，增添坦誠真摯

猜疑就是一種人為設置的心理屏障。我們曾經有過很多的「深信不疑」，真正掰開揉碎了一看，其實是很可笑的。但之所以大部分猜疑不是很快被戳穿，而是步步加深、層層誤解，就是因為當事人的心靈閉塞、頭腦混沌，卻不願袒露心曲，以為自己的推斷順理成章、有理有據。所以，要想減少不必要的猜疑，理性思索、誠以待人是非常有必要的。在日常的人際交往中，努力做到待人以寬、待人以真、待人以誠，敞開心胸，增加心靈的透明度。如此，才能真正地加強與他人的了解溝通，增加相互之間的合作與信任，消除隔閡，冰釋誤解。

 及時溝通，解除疑惑猜忌

打消猜疑的最好辦法就是直接溝通。不道聽途說，也不聽任何人嚼舌根，直接讓深植於心的疑慮「曝光」，與你所質疑的對象開誠布公地談一談，盡快弄清真相，公之於眾。這樣推心置腹的交談，是獲得真相的最好辦法。畢竟，世界上的事並不總像表面上看起來的那樣，還有很多不為人知的隱情，而這些私密內情旁觀者當然是無法盡知的，只有直接找到當事人，才可能真正地把握整件事情的來龍去脈。如果真的是誤會，當然藥到病除，皆大歡喜；如果存在不同看法，這種坦誠的談心、交換意見，對於事情的解決也會很有幫助；如果真的印證了你的猜疑，那麼，索性心平氣和地討論辯解一番，也比自己一個人絞盡腦汁、暗自揣測來得痛快，也更有利於達成意見的統一。

要執着
不要偏執

　　成功是一段蜿蜒曲折的路，勝利絕不是一蹴而就的事情。我們要想最終獲取勝利，就必然要有一往無前的執着與不屈不撓的毅力。我們更應看到，現實與理想之間總是存在一定的距離。事物一直在不斷地發展變化，學會隨着實際情況的變動而不斷優化調整前進的道路，這種思維才會最終引領我們邁向成功。

　　我們一定要懂得區分執着與偏執的不同，堅持自己的信仰，但不落入偏執的陷阱。當我們決心開創一項艱難的事業時，我們不畏人言、屢敗屢戰地向其發起衝鋒，這是執着；但當我們發現自己並沒有想像中那麼擅長這一領域時，依然長時間地勉強維繫，糾結於此，那就成了偏執。當我們努力追求一段美好的愛情時，我們傾盡真心、大膽誠懇地吐露情意，這是執着；但當這份愛已成往事，無法開花結果時，仍舊難以割捨，苦苦糾纏，那就成了偏執。當我們專心於一件複雜無比的工作時，我們廢寢忘食、兢兢業業，盡力做到完美與極致，這是執着；但當我們發現工作一時無法完成，條件因素尚未齊備時，卻還是貪功冒進，不知停止，那就成了偏執。

　　人生中有很多種美好和憧憬，我們除了要專心做好每一件事，更要考慮到**以退為進，善識時務，顧全實際**。我們不是那種不撞南牆不回頭的愚人，更不是一部墨守成規、不知變通的機器，要知道，人類之所以能夠成為萬物之靈長，正是因為我們懂得適應環境，改變自己！

方法 47
讓抑鬱
遠離自己

> 平凡無奇的生活裏，我們每天都會走同樣的路線，做同樣的工作，看同樣的面孔，說同樣客套的語言⋯⋯如此這般，年復一年，難免會漸失激情，生出麻木與厭倦。這種厭倦往往會造成兩種局面：一種是我們鋌而走險，拋棄現有的一切去尋找新的激情與刺激；另一種則是我們心牆高築、日漸孤僻、自我封閉、遠離世人。而這堵封閉的高牆一旦築成，再想將其穿透就會難之又難，這種將我們隔離的心理屏障就是抑鬱，又被稱為「心靈流感」。

其實，抑鬱是現代人普遍存在的一種消極情緒，再陽光的人，多多少少都有點抑鬱的傾向。長時間的抑鬱會令人悲觀絕望，心力衰竭，無法繼續正常的生活不說，甚至會出現自殘自傷的情況。遺憾的是，抑鬱心理並沒有引起我們足夠的重視，抑鬱的陰霾常常壓在忙忙碌碌的人心頭，難見幸福的笑容與燦爛的陽光。

抑鬱症困擾世人已經長達 2000 多年的時間了，無論好人還是壞人，富人還是窮人，任何人都有患上抑鬱症的可能。它一次次頑固地闖進人們平靜如水的生活，阻斷了人們望向幸福的視線。因此，我們一定要調整好自己的心態，嘗試從以下三方面入手。

⊖ 適量運動

很多心理學研究表明，適度運動對於改善人們的心情大有裨益。「健康是革命的本錢」，一切有意義的、美好的事物都要依托

於一個穩固的前提，那就是擁有一個健康的好身體。日常生活的維繫，已經耗費了我們太多的時間和精力，我們需要通過適量的體育鍛煉來強健體魄，抑制恐慌和悲傷的負面情緒。可以試一試晨跑，用奔跑來開啓嶄新的一天。正如影星湯姆·克魯斯所説，心情不好的人只要穿上跑步鞋去運動就可以擺脱糟糕的心情。郊遊、游泳、打球……**運動確實是振奮精神、放鬆身心的有力武器。**

⊖ 大聲歡笑

很少有人能過着完全沒有傷心事的日子，你所要做的，就是忘掉痛苦，笑對人生。來自加州洛馬林達大學的研究表明，在志願者看到幽默視頻後，其體內的 β - 內啡肽（可減輕抑鬱）和人類生長激素（有助於提高免疫力）水平會分別上升 27% 和 87%。簡簡單單的笑聲就能夠有效增進這些保健激素的平均水平。甚至有醫生斷言，人們如果愛笑，很多病症就能不藥而癒。

⊖ 創造激情

時不時為生活加上一些調味劑，能夠讓我們在小小的驚喜和新奇中，收穫一份好心情。出門做做指甲、偶爾嘗試一下新的髮型、與很久不見的老友煲個電話粥、買上一件垂涎已久的禮服、做一個從未嘗試過的妝容……即使是一點小小的改變，也會在乏味的生活中掀起陣陣漣漪，注入新鮮活力。可以用筆記錄每天發生的小趣事，不時翻閱一下，會讓你收穫滿足、感動與會心的笑聲。

積極發掘 自己的優點

其實，每個人身上都有優點和缺點。我們也許有很多地方不及別人，但總有一個閃光點屬你自己。所以，尋找優點、放大優點是我們最要緊的事情。

發現自己的優點。再不濟的人也會有自己的優點。同樣一件事情，你可以更快更好地把它完成；你比別人更能堅持；你更加熱愛這件事；你最能把這件事做到極致……你比一般人在某一方面做得更好，這就是你的優勢。有時我們會當局者迷，認為僅僅憑藉自我評估無法客觀地衡量自己。那就多去向親人朋友詢問一下，看看他們對你有哪些評價，對你的發展方向有甚麼建議，這也是了解自我的有效方法之一。

摒棄次優勢的干擾。一番整理過後，你會發現自己有好幾個方面都還不錯；比如你既會玩樂器，又會唱歌，或者既擅長演講，又會寫作。此時，就需要你冷靜理性地進行甄別，到底自己的哪一種優勢更突出，哪一種長處會令你更快地脫穎而出。然後，你就應該把更多的時間和精力投注在主要的優勢上，防止顧此失彼，兩邊都半途而廢。

勇敢地累積與展示。如果你只是稍微比別人強了一點點，那麼你的成功可能還需要等待時機；如果你已經遠遠地超出了別人一大截，那麼，你的成功離你只是一步之遙。所以，我們一定要努力發掘自己的優勢，日復一日地加以強化與提升，想方設法地創造條件將優點不斷放大。

送人玫瑰，手有餘香

分享的力量是無窮無盡的。**只有真正懂得與他人分享的人，笑容才會純粹，生活才會絢爛，快樂才會疊加，憂傷才會減半**。與人分享是人格上的一種昇華，它是心靈的交融，善意的流傳。有的人會想，好東西畢竟是有限的，我為甚麼要把屬自己的那一份白白拿出來和別人分享呢？但你總該相信「贈人玫瑰，手有餘香」。且不說那種付出和給予之後的心靈慰藉與自我滿足，單是設想一下：每一個人都願意拿出自己的東西與大家分享，這個世界就將增添多少愛與美好的景象。

分享從小事做起。分享可以從很細微的事情做起，當你體會到給予的快樂和心靈的富足之後，你就會更加願意與人分享，做更多善舉的踐行者與傳播者。因為，那時的你開始真正懂得自己根本就沒有甚麼失去，反而憑藉你的博愛收穫了更多。

分享是具有感染力的。分享的魔力正如微笑，一旦如花香般彌漫、散開，就會產生巨大的威力和影響。你的伴侶、你的親朋好友、陌生的過路人，甚至你的仇敵……都會被你的善意所感動和激勵。然後，很多事情都會悄悄改變，輕而易舉地打破千言萬語都無法撼動的僵局。

分享是一生的事業。分享具有一種根本停不下來的魅力。你會願意自己經歷着、溫暖着、善良着；你會願意心裏踏實、日子充實；你會願意讓自己的一生成為付出與給予的一生；你會願意將自己的快樂講給更多的人聽。因為快樂其實很簡單，多付出、少要求，就是最大的富有。

懂得分享，你會既有秋葉的靜美，又有夏花的絢爛；懂得分享，你想要的幸福實一直都在。當人生的暮年到來之時，你會因靈魂的富足而幸福愜意、恬靜淡然。

知足才能常樂

　　好運不可能與你日日相守，霉運也不可能總是糾纏不去。萬事萬物，皆有運轉輪迴，自知滿足，才會心常快樂。

　　看輕得失。生活本來就是紛紛擾擾，人生本來幾多起伏坎坷。我們可能會一夜之間暴富成名，也可能在更短的時間裏跌入谷底。得失本都自有深意。那些得到就狂傲忘形，失去就生無可戀的人，敗給了自己心中的妄念，是生活中的失敗者；唯有那些從容理性、心平氣和，懂得攻守退讓、能屈能伸的人，才是生活中真正的強者。

　　看淡名利。一顆心，既是紅塵，又是淨土。人只有這屬自己的一生，不要追逐得太累，也不要背負得過多。領悟了放下的道理，才會享有一種純粹的、如釋重負的生活。無論貧賤富貴，人都是這樣赤條條地來去，黃金萬兩也換不來短暫的一次開懷，換不回悔之晚矣的陰陽相隔。所以，在我們還能夠選擇的時候，要常常去愛與陪伴自己的家人，讓寶貴的生命裏多一些淡然與歡笑，少一些名利場裏的蹉跎。

　　看透生活。簡化生活，擁抱快樂。做事不求完美，做人何必苛責，不要過分地為難自己，壓榨日子裏本來常有的幸福與快樂。人生苦短，自當少留遺憾，淡然於世，善良着、感念着，過一種自我滿足、自得其樂的生活。

　　人生未必事事盡如人意，看淡了一切都是美麗，看重了一切都成痴迷。**不如淺望幸福，安然生活，讓自己做一個簡單快樂的旅行者。**

Chapter 6

強化心靈力量的
情緒調節法

找到真正的「我」

　　心理學上有一種説法叫「羊群效應」，指的就是人們在從眾心理的驅使下所產生的盲從現象。羊常常成群結隊地移動、覓食，機械地跟隨着頭羊，一旦發現了肥沃的綠草地，就會立刻一哄而上，全然不顧不遠處就有更加肥美的青草，甚至立在旁邊虎視眈眈的狼。學者曾做過一項著名的從眾心理實驗，結果在測試人群中僅有四分之一的被試沒有發生過從眾行為。可見，要人們保持獨立性是很難的，他們經常會選擇隨波逐流，而不是去自主思索事件的意義。但這種隨波逐流，往往會令人陷入無盡的迷茫和永無休止的心痛。我們整日裏忙着偷窺、揣測和模仿大部分人的言談舉止，根本就顧不得內心的真實想法，甚至忘了自己原本的樣子。我們心靈更強大，意志更頑強，才會使我們得到真正的快樂與滿足。

　　追尋真我。迷失得久了，想要找回真性情的自己，似乎也並不容易。自以為是為了保護自己，我們常常將那些真實的喜怒哀樂、愛恨情仇隱在暗處，不輕易讓人察覺。日久天長，就連我們自己也信了白日裏那副得體自如的面孔，而弄丟了一顆活潑跳動的真心。所以，我們必須費盡一番周折，尋找真的自我。我們可以在暗夜裏長長地思索，可以在先哲的醒世之作中悟出自我，可以聽長輩摯友絮叨一些陳年舊事，可以在一次説走就走的旅行中尋回生命最初的感動……獨處、自省、開悟，我們也許要走過長長的一段路去追逐自己曾經無比堅定的腳步，途中也許會遇見羞恥、折磨與悔恨，也許會有時痛哭、有時欣慰、有時睜着眼睛從黃昏端詳到黎明。但

請你相信，這一切的痛苦都無比值得！一旦你尋回了美好如初的自己，你的內心會更加飽滿，性情會更加剛毅，腳步會更加踏實，目光會更加堅定！

完滿真我。一路找回了自己的真心，並不是從此就要以一張白紙似的面孔示人。人之最初，自然是慈心善念，但善良的人們更應該與智慧相伴。我們不會具有與生俱來的盡善盡美，那些存在於天性中的缺陷，需要我們用後天的加倍努力去彌補。是的，我們依然要改變自己，但這種改變完全不同於被外界推搡着、浮萍般的隨波逐流，而是我們自己有目標、有設想、有判斷的自我錘煉。按照想像中的樣子鍛造自己，無疑是很難的。我們要掙脱出舒舒服服依偎了多年的心靈巢穴，與自己的消極萎靡一朝割裂；我們要克服天性中的無知、平庸與膽怯，打消內心深處的自私、魯莽與懶惰。一旦樹起目標，立下心志，就一往無前，再不退縮。

找到真正的「我」，是心靈的呼喊，是靈魂的釋放。唯有如此，你才會激起自己無窮的鬥志，行至青草更青處的遠方。

不要局限
於舊觀念

　　要相信自己的判斷。很多人一提到創新,都會感覺離自己很遙遠,認為那些都是愛迪生、牛頓等「天才」做的事情,普通人知識有限,哪裏會有甚麼新穎的靈感?其實,每個人都具有與生俱來的創新能力,但能否得以充分發掘,關鍵在於個人的心理因素。心理學家認為,人們的創造性存在差異的主要原因在於:總認為自己有創造力的人會一直有創造力,而總認為自己欠缺創造力的人則會一直缺乏創造力。自認為創造力強的人,會對自己的想法深信不疑,會更加積極地發現問題、捕捉靈感;而自認為沒有創造力的人,思想就不會活躍,進而將自己的創造能力封閉起來。

⊖ 不懈地求知進取

　　永遠記得,堅持信仰是可以創造奇蹟的。同時,想要培養創新動機,就必須先激發內心的求知慾。培根說過:「知識是一種快樂,而好奇則是知識的萌芽。」我們只有不遺餘力,竭盡心血,不懈地求知探索,才能最終做到「點石成金」。不妨從對某種現象的發現、質疑、求證開始,注重自身目標意識和創新意識的養成,追求真理、探求未知,熱愛與鑽研科學知識,這些都會令我們擁有一雙看向外部客觀世界的「慧眼」。正如巴爾扎克所說:「打開一切科學的鑰匙都毫無異議的是問號,我們大部分的偉大發現都應歸功於『如何』,而生活的智慧大概就在於逢事都問個『為甚麼』。」

 讓自己涉獵廣泛

英國哲學家羅素說過：「一個人的興趣愈廣泛，他的幸福就愈多，他受命運擺佈的可能性就愈小。」興趣能夠使我們始終保持一種經久不衰的熱情，興趣能夠幫助我們戰勝創新途中層出不窮的挫折，而成功恰恰就是興趣的副產品之一。孔子曰：「知之者，不如好之者；好之者，不如樂之者。」**濃厚的興趣能夠引領我們更加積極地去發現和探索，而要想事半功倍，就必須博采眾長**。所以，我們不僅要對自己所涉及的領域胸有成竹，還要建立寬口徑、高起點的知識平台，廣泛涉獵與關注，對其他領域一樣保持興趣，懷有求知慾望。當然，人的時間與精力都是有限的，很難成為合縱連橫、觸類旁通的「大家」。因此，正確的做法是，培養廣泛但有側重點的興趣，把主要精力集中於一個中心目標，對其他方面則保持敏感，有所節制。

不要墨守成規，局限於舊觀念，保持創造的熱情，更加深入細緻地體察生活。即使平凡如你我，也能夠於無聲處聽驚雷，於平淡中現驚喜。

方法 53 不給自己設限

我們常常這樣懷疑自己的能力,無端地給自己設限。你總是哄着自己的心說:就到這裏吧!這是咱能力的「天花板」。久而久之,原本總是躍躍欲試的自己再也沒有了那種心氣,你曾經掂量着親手畫下的那條紅線,終於就這樣限制了自己一生的發展。

何必總是這樣小心翼翼?何必如此看重世俗的眼光和所謂的臉面?旁人說上一些閒言碎語,有過一陣譏笑嘲諷,那又算得了甚麼?自己親自努力嘗試過,才不會留有遺憾。**索性放鬆心情,放飛靈感,充分激蕩你的頭腦,揮灑青春與熱血,將自己的聰明才智發揮到極致,不以任何形式給自己設限。**

⊖ 選定目標

人們常說性格決定命運!倘若你想要征服全世界,就必須首先征服自己,而征服自己的第一步,正是選定一個科學合理的目標。思想有多遠,我們就能走多遠,人生所能達到的高度,取決於我們為自己制定的目標。如果你認定自己不是個飽食終日的人,你就一定能夠活得更加精彩與絢爛。所以,我們一定要不顧一切地去追求成功,而不是一次次地降低成功的標準。當我們真正地認識了自己的優勢與不足,理性地制定了前進的方向與目標,就必須堅定不移、一以貫之地將其繼續下去,不為外物所擾。當然也會不時根據情況的變化對目標進行細節上的調整,但我們絕對不會隨意降低終極目標,甘願忍受平庸的生活。

⊖ 勤於思考

　　人的智慧與潛力都是無窮的，要想一步步激發我們心中潛藏着的巨大力量，就必須付出百般的努力與不懈的思考。在無限浩瀚與廣博的思維空間裏，任何一件事情都存在一萬種可能。有的時候，我們似乎感覺自己被困住了，再也無路可走，但只要細心地觀察，認真地思索，便一定能夠於山窮水盡之際，重又覓得柳暗花明。所以，我們必須衝破思想的界限，克服天性中的慣性與懶惰，嘗試着打破常規，獨闢蹊徑。不為失敗找理由，要為成功找方法。在遇到困難時，只要我們敢於重新佈局，深入思考，以一種非比尋常的眼光看待問題，就一定能夠繞出思維定式的框框，找到通往成功的法門。

⊖ 享受逆境

　　懼怕失敗會令我們痛失一次又一次的機會。一旦開始害怕失敗，我們就沒法積極樂觀地面對未來。像這樣背負着失敗的沉重枷鎖生活，無異於在每個白天黑夜扼殺着自己的慾望與潛力，懦弱、卑微地苟活着。所以，我們一定要正確看待逆境與挫折，在面對荊棘叢生的沼澤地時，淡然處之，不驚慌失措。我們不應被逆境嚇退，認為再往前走是不可能的，這世界原本就沒有甚麼是不可能的，對於不斷努力嘗試，突破自身格局的人來說，一切皆有可能。其實，自己能或者不能往往只在一念之間。始終盯準你的目標，排除萬難地向它靠近，你就能掌控自己的命運，成為任何你想成為的人。人之所以能，是因為相信自己能。失敗了就退而求其次的人，只配擁有「跳蚤」一樣的人生。

　　全世界都會給那些有目標和遠見的人讓路。不設限的未來，更加寬廣與美好，不設限的人生，充滿着無限的期待與可能！

方法 54

堅定信念才會實現人生理想

　　如果説到 70 歲，你會想到甚麼呢？人生暮年，追憶此生，還是閒坐曬暖？年屆 70 歲的胡達‧克魯斯老太太可不會這麼想，她並不認為到了這把年紀就是走到了人生的盡頭，她相信一個人能做成甚麼事與年齡無關，關鍵在於你的想法和信念。在自己 70 歲的生日宴會上，這位美國老太太突發奇想，打算填補自己人生的一大空白——冒險登山。於是，她用自己的堅持説服了登山俱樂部的經理，成為該俱樂部中年齡最大的一名會員。在此後的 25 年裏，她一直嘗試着攀登大大小小的高山，終於以 95 歲的高齡登上了日本的富士山，打破了攀登富士山的最高年齡紀錄。

　　即使在最困難、看起來最不可能的時候，也不要熄滅心中燃燒的信念。從某種意義上説，人不是活在物質世界裏，而是活在自己的精神世界中。咬定信念不放鬆的你，即使處在最惡劣的逆境，也能鼓足勇氣，揚起前進的風帆。堅定信念才會實現人生理想，信念，是一切成功的起點。

⊖ 設定目標

　　有了目標，內心的嚮往和力量才會找到方向，漫無目標的行路終歸會誤入迷途。所以，我們要充分分析自己目前的情況，具有哪些優勢和不足？如何發揮優勢，克服不足？當前的工作方法和效率怎麼樣？需要做哪些改進與完善？然後在此基礎之上，明確長遠、中期、短期目標，制定階段性目標、步驟性目標。只要你認為這個事物可以

為你提供源源不斷的驅動力，促使你向着自己希望的方向去拼搏、去努力，就可以將其當作自己的一個目標確定下來。並一直激勵自己，不懈怠、不放鬆，一步一個腳印地朝着自己的終極理想邁進。

⊖ 立即行動

機會稍縱即逝，抓住機遇是一項艱難的科目，卻是我們人生中的必修課。盡力抓住每一次機會，才能達到你的夢之遠方。一旦確定了奮鬥目標，就必須立即行動去試去闖，坐着不動的人永遠不會等到天上掉下來的成功。可以制訂詳盡的行動計劃，明確自己應當在哪些方面採取怎樣的措施；也可以先動手去做，在實踐中不斷思索，不斷調整行動方案……總之，要立即行動起來，最不完善的行動也要比束之高閣的最優計劃強上一百倍。要知道，人生最昂貴的代價就是──凡事等待明天，永遠把希望寄託在明天。希望永遠就在今天，就在此刻和腳下。取得成功的關鍵在於行動，只有立即行動，才會讓我們的夢想變成現實。

⊖ 不畏艱險

美好的事物一直存在，關鍵要看你是否執着探索，孜孜以求。人要活命，只要一碗飯、一杯水就能苟延殘喘；但要想活得精彩，就必須不畏艱險，一往無前。困難和艱險是必定要來的，只要你不讓自己軟弱太久，及時從絕望中起身，就能跋涉出整片沼澤，堅持不懈地向着目標前進，超越苦難，昇華自己，踐行一生的理想和信念。不畏艱險，你的心中便永遠燃燒着一團永不熄滅的火焰；不畏艱險，你便有了立身的法寶和永不凋謝的希望，即使在最大的不幸中，也能重整旗鼓，昂首向前。

堅定的信念是夢想成真的保障，是托起人生大廈的有力根基。以積極的信念支配和控制自己的人生，堅信我命由我不由天！

要由自己來定義幸福

其實，幸福就在我們身邊，根本無須跋山涉水地去其他地方尋找。我們唯一要做的就是努力發現藏在身邊的幸福，否則，即使我們整日走在遍地的鑽石上，也會捨棄所有這些寶貴的美好，而去盲目地奔勞。

說到幸福，其實是一件極為主觀的事物，是我們心中的一種自我感受。人之幸與不幸，說到底其實與金錢、地位、美貌、健康、學識等種種附加概念無關，全在於你心靈的真實判斷。所以，那些總是怨天尤人、嘆其不幸的人，並不是真的從未受過幸運之神的眷顧，反而已經得到了很多；但正因為他們的心裏盛滿了太多的苛求與慾望，才會安靜不下來，根本無暇把握自己現在擁有的一切，無暇體會心靈真正的所感所想。「騎着驢騾思駿馬，官居宰相望王侯」，有的人之所以感覺自己不幸福，不是因為他擁有的太少，而是因為他期望的太多。環顧四周，人們似乎總是這樣，老覺得別人的生活風光無限，對於自己的幸福卻選擇視而不見。這是一種多麼令人遺憾的錯誤！請相信，幸福就在你的身後，只要你願意暫時停下急匆匆的腳步，緩緩地轉過身去，就會迎頭遇上滿滿的幸福。寒冷時一個溫暖的懷抱、饑餓時一頓豐盛的晚餐、口渴時一杯熱氣騰騰的清茶、寂寞時一種永不離開的陪伴……這些都是你所能定義的幸福。只要你願意付出真心，就會由衷地感覺到，幸福其實無須尋尋覓覓，甚至可以來得極其容易，當你用心體會時，生活中每一個細碎的瞬間，都可能成為幸福的不竭泉源。

　　當然，安於身邊的幸福，並不是教唆我們不思進取，小富即安，呼呼大睡地躺在曾經的功勞簿上。而是教會我們懂得取捨，看破名利，恰如其分地辨別事業上的進取心和個人物慾。每個人的宿命總是會有所不同，出身有高低，能力有大小，我們當然要認清並接受這個現實，但快不快樂，知不知足是我們自己所能選擇和把握的。我們應該明白，幸福絕不應是追求名與利的最大化，而是在世俗的喧囂和誘惑中，始終保持自己內心的一份寧靜。由此，我們也就可以為自己的幸福下一個定義——不去和別人計較，也不去覬覦非分之物，努力生活，踏實工作，用今天的付出換取明天的美好，一直走在路上，這就是幸福！

　　孔子曾經稱讚弟子顏回：「一簞食，一瓢飲，在陋巷。人不堪其憂，回也不改其樂。賢哉，回也！」吃得飽，穿得暖，就充滿喜樂，這也應該是我們對於幸福的定義。試想一下，如果我們能夠真的這樣詮釋幸福，那麼，我們生命中的每一個日升日落，每一次雨霽天晴，都將浸潤着滿滿的幸福和暖暖的感動。

　　摒棄浮華，拒絕誘惑，生活中少一點貪婪，少一點慾望，就多一分快樂，多一分幸福。那麼，幸福到底是甚麼呢？一千個人可能會給出一千種答案。只要你相信，幸福無須非富即貴，幸福真的從未走遠！

永遠不要
滿足於現狀

　　21 世紀留給人們最大的陷阱就是及時行樂，最大的危機就是沒有危機。早早停下進取的腳步可不算甚麼明智之舉，要客觀地審視身邊的現實，不因現狀而滿足，也不因現狀而失望。世界上沒有甚麼永恆不變的現狀，你以為可以長久存在的美麗島嶼，終有沉入海底的一天；你以為穩穩握在手裏的幸福，也終究會煙消雲散。**唯一能夠讓我們保持安全感和優越感的辦法就是──保持進步，一直挑戰自己，堅持向未知宣戰。**如此，幸福和快樂才會終日與你同行；如此，當你垂垂老矣、回首往事的時候，才會覺得此生無一日虛度，即使那些最難熬的創業階段，也會化為最甘甜的陪伴。

⊖ 不因小成就而沾沾自喜

　　擁有一顆永不滿足的心是事業成功強有力的保障，尤其是要與特定的前進目標結合起來。人似乎只有在身處絕境的時候，才會毫無保留地搏命付出，一旦境遇轉變，就很容易小富即安、不思進取。不論從事甚麼職業，不論曾經立下過怎樣的志向，人們在自認為賺夠了所需的錢財與名利之後，就好像立刻變成了另外一個人，聲色犬馬、沉溺享樂、安於現狀、無所作為。這幾乎成了現實社會中鐵一樣的定律。心理學家認為，好運氣其實是不幸的前奏。眼光只盯着腳尖的人，稍有一些小成就，就自吹自擂，認為自己已經如此傑出卓越，受到了命運之神的青睞和眷顧，他們開始滋生懶惰之心，遊手好閒，在消耗奢靡中自我滿足，高枕無憂。這些手裏

有些錢，就以為有資格享受的人，在下一次遭遇困境時，就會轟然倒地。彼時他們才會悲哀地發覺，自己已經退化得多麼軟弱無能，甚至連早前習以為常的事情都再也做不來了。所以，盲目滿足是成功路上的絆腳石，我們必須不斷地歸零，不斷地整裝待發，拼搏進取。有慾望、不滿足是進步的先決條件，一往無前是前進的不竭動力。在抵達人生的終極目標之前，每當我們又獲得一些小進步與小成就，當然要歡欣鼓舞，祝福自己，但一定不要縱容這種滿足感停留太久，它會令我們心生懈怠，不思進取，喪失機會，影響發展。我們要做的是短暫的停歇之後，再戰征程，自覺順應時代的發展潮流，緊緊跟上，與時俱進。

⊖ 讓每一天都過得有意義

只有發自內心地跟從，才能一步步創建宏偉的事業根基；只有做真正喜歡的工作，才會感覺每一分、每一秒都無比美妙，每一滴汗水、每一次流淚都無比有意義。我們鼓勵大家永遠不要滿足於現狀，並不等同於贊成大家放棄身邊的家人和幸福，去盲目追逐最大化的權力物慾與功名利祿。不滿足現狀，其實是不蹉跎歲月，不虛度光陰，努力讓生命中的每一刻都定格得更有姿態、更有價值。有些人一旦得到舒適安逸的位置，便混吃等死，對生活採取無所謂的態度。如此，失去了積極前進的動力與心智，人的成長便會停頓，這樣的日子也就變得黯淡無光，毫無意義。要知道，人天生就是因

為不滿足而存在，正是這種不滿足的意識令我們有了好好生活的勁頭與直面未來的信心。生活中總是有很多不可預測的因素，只要我們懂得，故步自封就是不進則退，溫吞吞地在路上磨蹭，一樣無法靠近成功。

⊖ 與更優秀的人在一起

　　人本就沒有高低貴賤之分，每個人都具有邁向成功的無限潛能，每個人都是自己生活中的巨人，只不過有些人已經睡獅猛醒，而有些人還在沉沉酣睡。此時，就需要炸響平地的一聲驚雷，激發我們內心的潛能。成功往往從願意改變自己開始，不願打破舊自我的人，無法對自己的人生負責任。所以，無論你正飛黃騰達，還是窮困潦倒得一塌糊塗，永遠尋找那些更好的人生標桿，永遠選擇與更優秀的人在一起。這些優秀的人會激勵你進步，為你提供很多警醒與啟迪。我們可以在自己生活的圈子裏尋找優秀的人，也可以將行業中的翹楚作為自己的目標與榜樣，看着他們的一言一行，學習他們在應對人生起伏時的舉動與措施。當你落敗時，他們會幫你鼓起勇氣，檢討總結，為你加油助威；當你成功時，他們會令你保持清醒不沉迷，為你重新規劃下一步的成功路徑。選擇積極的環境是獲取成功的關鍵。最重要的是與更優秀的人在一起，以他們的成敗為參照，更好地認清自己，超越自己。

保持成功的姿態

成功者的道路是相同的，而失敗者的理由卻各有各的不同。走在路上的人們想要追求成功，就要時刻保持向上的心態，保持昂揚的激情，精神飽滿、活力四射，努力保持成功的姿態。

⊖ 終身學習

人這一生，沒有甚麼時候應該停下自己的腳步。很多時候，我們沒能做到，不是因為甚麼客觀因素，而是我們沒有堅持學習，沒有堅持進步。訊息大爆炸的今天，只有終身學習，才不會被時代所拋棄。我們應該明白，學習是一生的事業，必須認真深入、持之以恆。

⊖ 滿懷希望

在這個愈來愈令人生出無力感的時代，意外和明天哪一個會先到達，誰也無法預料。但請相信，人最可悲的就是在挫折面前自亂陣腳，在失敗之後自滅心燈。我們一定要堅定信仰，樹立自強自立的信念，相信自己最終能夠獲得成功。只有擁有沖天大志的人，才能開拓大視野，書寫大人生。

⊖ 奮鬥不息

人最大的敵人就是自己，發自心底的懶惰、平庸都會拖曳着你，禁錮着前行的腳步。但我們應該懂得超越自己，挑戰極限，終能到達夢想的聖地。

學會逆轉不幸

人之為人，紅塵世上只有這麼一次無法回放的表演，總得讓自己盡量投入和享受，盡量地開懷自在、快樂無邊。**索性看透看破，放下執念，既然沒有誰能夠十全十美，不如感恩命運如此的安排，接受自己的不幸，並把它看輕看淡。**如此一來，你會發現，一切其實並沒有你想像的那麼糟糕，那些不幸也不再那麼礙眼。其實，改變命運，逆轉不幸，永遠只在一念之間。

⊝ 要逆轉不幸，必須坦然接受

人總會有這樣那樣的不足，既然總歸是命中注定的事情，何必再去苦苦掙扎、糾結、怨嘆。不如坦然接受生命中的不完美，接受這樣缺點多多的自己，而恰恰正是這樣的不圓滿，才造就了塵世間個性自我、獨一無二的那個你。

⊝ 要逆轉不幸，必須勇於改變

我們會有很多缺點，甚至可能存在一些常人無法忍受的缺點。承認了這些之後，難道即使明明知道自己的問題所在，還是這樣聽之任之、依舊故我嗎？當然行不通！我們要理性地分析自己的不足，並且提出切實可行的辦法來予以糾正和改進。當然，這個撥亂反正的過程一定是艱難而漫長的，但只要我們有恆心，有毅力，就一定能夠和過去的自己道別，重塑煥然一新的容顏。

➔ 要逆轉不幸，必須積極樂觀

心態決定命運，有一個良好的心態，會讓我們的心更加輕鬆自在。我們在接受和改造自身的同時，更要保持一種積極向上的精神力量，努力傳播正能量，打壓消極負面的情緒。我們可以憤恨、可以悲傷、可以不滿，但必須要適可而止，及時宣洩和調整心態，不能放縱壞情緒蔓延。所以，每次心情低落時，記得別讓憂愁思緒困擾自己太久，可以唱歌聊天，嘗試着去做一些自己喜歡的娛樂活動或者體育項目，及時地轉移注意力，緩解和釋放壞心情。始終保持一顆快樂的心，何懼愁雲再重，天色再暗。

幸或不幸，不能總是靠天吃飯。我們要學會逆轉命運中的不幸，憑藉自己的聰明智慧去打造更加美好的明天。

方法 **59** 拿得起也要放得下

愛迪生說，沒有放棄就沒有選擇，沒有選擇就沒有發展。人活一世，當然會遇見太多令人心生執念的事物，但心靈的容量畢竟是有限的，我們不可能一路走來，手中拖曳着所有自己牽腸掛肚的東西，那樣難以言說的重擔，會令我們舉步維艱，身心俱疲。生活向來是殘忍而現實的，它常常會冷着臉逼迫你，交出這種權利，放走那個機遇，甚至會讓你不得不拋棄一些自己根本無法割捨的情誼。這個時候，請你在放手的同時也放寬心，**人不可能把一切都抓在手裏，細枝末節的事物不丟掉，如何拿起更加重要的東西？**

○ 我們要充滿信心

有自信的人，才能夠真正地認清自己。他們會認真地思考自己究竟應該過怎樣的生活，怎樣去選擇一條正確的人生道路；他們會細緻地察覺到生命中更多元化的層面，不斷拓寬視野，走到生命的最開闊處；他們會放下一時的留戀，想清楚該如何捨棄，要捨棄哪些東西，找到真正屬自己的人生。請記住，只要你滿懷自信，突破固有的成見，勇於做出決定，走出眼前山窮水盡的死胡同，永遠都不會太晚。

⊝ 我們要實事求是

　　人們堅定着一往無前的信念，矢志不渝地走自己的路原本並沒有錯，但如果上路時的方向有偏差，路徑選擇就存在問題，為甚麼不能實事求是地檢討，及時返回原地加以調整？反而非得梗着脖子在南牆上撞得頭暈目眩，遍體鱗傷。不妨審時度勢做出新的選擇，當行路偏頗時，及時改弦更張，不要固守一處，空等着等不來的希望。

⊝ 我們要不斷累積

　　當然，面對逆境，面對那些生命中不能承受之重，依然能夠坦然接受，不為所動，這是一種何其廣博的胸襟和肚量。這種容天下難容之事的心胸，需要多年的歷練才能逐漸養成。對於那些或好或壞的過去，我們大可不必耿耿於懷。要知道，生活中永遠不乏機遇與體驗，即使你身處絕境，又焉知自己不會另闢蹊徑，置之死地而後生？何必苦苦地挽留夕陽，何必久久地感傷春光，甚麼都不願意放棄的人，往往會失去更為寶貴的東西。所以，請放棄失戀的痛苦、放棄嗜血的仇恨、放棄耗費心力的爭吵、放棄物慾權力的角逐……擺脫心中的糾結與煩惱，在輕鬆閒適中輕裝上陣。

學會遺忘

在我們匆匆忙忙的生活中，總要接觸到形形色色的事。人生就是一次體驗，生命就是我們一路走來的心理感受，其中有些是美好快樂，有些卻是憂愁或者無用的瑣碎訊息。它們既影響着重要訊息的鞏固，又羈絆着我們的思緒，這些令人心緒難平的煩惱，必須及時將其遺忘，才能使大腦得到充分的休息。心理學家認為，在正常條件下，人的腦細胞每天死亡 10 萬個左右，而一旦受到外界的強烈刺激，腦神經細胞的日死亡數量就會比正常情況時激增幾倍。這種超負荷的損耗明顯是有害健康的。所以，**永遠記住每天都是嶄新的，我們要學會遺忘一些事。**

⊝ 記住生活的美好，遺忘缺憾痛苦

不要把一次失誤當成永遠的污點，人生正因缺憾而真實。昨天的錯誤恰如今天進步的階梯，睿智的人，懂得拾級而上，愚蠢的人，卻依舊沉湎其中。生活的主旋律總是光明和美好，我們應該對生活充滿期待，感謝生活賜給我們的一切，讓那些痛苦的往事隨風而逝。

⊝ 記住愛與關懷，遺忘怨恨憂愁

生活中難免會有不愉快的時候，一直耿耿於懷，將怨愁積蓄在心中，就會破壞掉原本存在的自由與快樂，令自己活在痛苦絕望之中。正像愛默生所説的那樣，痛恨別人，就像把自己的房子燒掉，

只為了趕走一隻老鼠。所以，我們要學會嚴於律己，寬以待人，忘記怨恨和憂愁，學會諒解與寬容。

⊖ 記住感動釋然，遺忘功名利祿

　　很多時候，我們總是為世俗所累，爭名奪利，望着輝煌與榮耀的山頂，就這樣怨恨着、爭吵着、誤解着，傷人又傷己。人心如杯，舊茶不去，新茶就無法注入。世俗過往正如一盞舊茶，一直充溢於心，愈顯索然無味。不如學會原諒釋然，抹去心中憂愁，減輕世俗負累，令心靈開闊而又純淨。

　　請記住，一切總會過去！懂得遺忘的人，善用遺忘的人，才能更好地擁抱未來與幸福！

Chapter 7

獲得自信的
情緒調節法

接受自己的不完美

> 這個世界本就不完美,在人生的舞台上,更是沒有一個人能將自己的角色演繹到極致。我們可能遭遇過不公的命運,可能無數次迎頭碰上挫折與苦難,可能屢次受傷,也可能受到過別人的欺騙與陷害⋯⋯但這些坎坷都不能構成我們冷漠不羈的理由,我們不該因此而緊鎖心門、拒絕明天。

⊖ 面對自己

很多時候,面對自己比面對整個世界還要更難一些。在這樣一個幾乎所有人都在演戲的社會裏,我們可以對着全世界明目張膽地虛偽,但當我們獨自面對自己時,卻只有避之不及的真實。每個人都不夠完美,只不過有些人能夠坦然接受,淡然處之;有些人卻自怨自艾,反應過激,離群索居地活在人生的低窪處。那種麻木而荒唐的生活必定不是我們心之所向,我們要勇於面對真實的自己,敞開心胸接納不完美的自己。在寂寞時,給自己溫暖;在軟弱時,給自己安慰;在得意時,給自己警醒;在失意時,給自己肯定⋯⋯接受、堅強、獨立、珍惜,向那個彷徨失措、欲蓋彌彰的自己說再見,用讚賞鼓勵的眼光看待自己,充分展現活着的價值。

⊖ 活在當下

其實,人生諸多煩惱的根源在於沒有認清現實,無法收放自

如。來世不可待也，往世不可追也。我們所能把握的，唯有這一瞬間的現在。不懂得放下的人，一生背負着沉重的包袱，耗盡了心血和精力，卻依舊目標渺茫，步履蹣跚。不妨學着自我解脫，把全部身心都傾注在時下，耐得住性子，拿得出堅持，在荊棘叢中尋找前路，在曠野地裏體會幸福。唯有如此，金礦才能冶煉出黃金，玉石才能打磨成美玉。生活中當然不會只有溫暖，人生的路也不會永遠平坦，但只要你懂得生命的意義，懂得把握好此刻起的每一分每一秒，直接迎戰挫折與苦難，那麼，你會驚喜地發現，快樂就隱藏在苦難旁邊。

⊝ 恪守本分

人生本就是一場充滿遺憾與不足的旅行。你一路走來，一邊收集經驗，整理思緒，一邊埋着頭，走好下面的路。任何人，任何事，都不可能做到極致，現實給予多少本分，我們便傾力做出相應的份量，這是我們的局限，也是我們的自省。不糾結才能不自誤、不偏執才能不煎熬、不張望才能不迷茫……儘管努力去做，然後勇敢地接受那個無法做到最好的自己。即使遮住眼睛，擋住耳朵，滿心不肯去承認，我們還是會有空白與脆弱，有缺失與不可能，那麼，又何必再去隱藏和奢望，不如坦然地面對，做出正確而爽快的選擇。面對眾多的功名入耳、利慾熏心，與其抓心撓肺地委屈嫉恨，不如超然待之、一笑置之，懂得自足、懂得坦蕩、懂得寬容、懂得隱忍；如此，我們才會不斷成長，才會有更為精彩的心路歷程。

堅持自己的
與眾不同

在這個喧嘩浮躁的世界裏，生活總會提出許多誘惑人心的條件，來交換你的臣服與順從。於是，堅持做自己，保持自己個性的獨立就成了一件需要勇氣的事情；於是，大多數人選擇向現實繳械投降，過一世平庸寡淡的泡沫人生。

其實，每個人原本都是個性張揚、色彩鮮明的。有的人單純美好、有的人圓滑世故、有的人內向靦腆、有的人熱情奔放……踏實、溫柔、果敢或張揚的性格特徵，是人們的特色和標籤。但隨着年齡漸長、涉世漸深，我們開始慢慢地自我消磨、自我收斂，最終被同化，與大眾審美融為一體。這其實也是一件無可奈何的事，畢竟想要以一人之力抵擋住整個社會的傾軋，所需要付出的代價也將是無比慘重的。

但我們是否心甘情願地被消損磨滅，人群中再沒有那樣個性顯著的自己？從此，我們的生活就如同被人編好了固定的程序，日復一日，年復一年，按部就班，隨波逐流；我們會被形形色色的人所左右和干擾，扮演着他們安排好的角色，就像一個可悲的「套中人」。但我們畢竟不是道具，更不是玩偶，即使表面上滿是恭順，內心卻依然掙扎、痛苦。所以，為了我們心靈的寧靜，為了不辜負這一世的光陰，我們必須要堅持自己的活法，堅持自己的風格，堅持天生的個性，堅持做自己本身。

　　堅持自信自重。堅持自己的與眾不同，不是要與全世界為敵。個性的魅力是難得的，是需要呵護和關愛的；但更重要的是，人要進步發展，就要不斷地完善和優化自己。既然如此，我們又該怎樣分辨，自己的變化是在被時勢同化，還是在成為更好的自己？其實很簡單，關鍵要看你的信心和毅力。首先，我們要為自己的思想和行為負責，要忠實於自己的心，忠誠於事業與家庭；其次，我們要對自己充滿熱愛與自信，樹立自身的行事基準；最後，我們要自重、向善、正直，努力追求生命的本真。只要你自得其樂，即使在最普通的崗位上，也會贏得尊嚴和價值；一旦你拋棄自我，即使你有再高的定位和夢想，有再大的堅持，也只會離最初的自己漸行漸遠。努力去做獨一無二的自己，你才能獲得工作與生活的意義。

　　不為失敗所擾。得意時，你彰顯自我、特立獨行，可一旦遭遇失敗，你就縮手縮腳，開始盤算進退，這樣算不得堅守住自我，算不得盡情地生活。失敗的磨煉不應成為嚇退我們的「紙老虎」，反而應該更能培養我們的毅力和個性，讓我們更珍惜生活，懂得每一次成功都銘刻着失敗的記憶。失敗了，別急着四處張望，調整自己、堅持自己的人，的確可能與孤獨、非議、寂寞為伍，但執着於自己的個性不一定是導致失敗的原因；失敗了，別急着頹廢氣餒、敏感多疑，保持本真的人，會從失敗中尋找到成功的影子，在辛勤的付出中品味人生的真諦。

努力做一番成就。當然，在我們張揚個性的同時，一定不能有礙公德、傷害他人，那樣的個性是應該及時捨棄的，否則只會成為你邁向成功的負累。在肯定了自我、正視了失敗之後，我們就要積極地投身於一項事業，或偉大而高尚，或平凡卻可貴。從此，我們會以非凡的精神和驚人的毅力為之奮鬥，甚至為它而活。那些只為了一己私利活着的人，無法體會到生活真正的快樂，只有畢生事業的鞭策和激勵，才會令你的人生更有意義。看清你的目標，拓寬你的生命，勇敢地邁出腳步，踮起腳來觸碰天空，讓對理想的追逐貫穿於生活本身。

堅持自己的與眾不同，信守那顆獨一無二的心，我們或許需要時間、需要回憶、需要思考、需要有自己的節奏，還需要那些悲傷的沉默和擲地有聲的反抗。但請相信，**做你自己，不一定非要轟轟烈烈、驚天動地，主宰自己的靈魂，把握自己的堅持，相信我就是我，這就是與眾不同。**

方法 63 把缺點當作特點

哲學家說，你消滅的每一種缺點都存在與它對應的長處，兩者相輔相成，生死與共。「有些缺點比美德更能清楚地證明一個人的優秀品格」，**我們要敢於把缺點當作特點，並且有智慧、有魄力去推動缺點的良性轉化與不斷改善。**

➜ 坦然面對自己的缺點

每個人都會有自己的缺點與不足，或性子急躁，或丟三落四，或不善溝通，或急於求成⋯⋯多多少少總會有一些不盡如人意的地方。但在現實生活中，有些人能夠正視自己的不足，並盡力去完善、去改正，這樣真實坦率的性情，會令他愈來愈有魅力，贏得人們的尊重；也有些人為了所謂的面子，拒不認錯，粉飾太平，欲蓋彌彰，錯上加錯，最後只能自吞苦果。美國前總統林肯說，我的生活經驗使我深信，沒有缺點的人往往優點也很少。西方有一句諺語，月亮上的黑斑比月光更醒目。所以，我們應該讓別人了解真實的自己，不只好的方面，也包括壞的方面，不遮不掩，活得坦蕩而真誠。唯有如此，我們才能更加準確地找到自己的缺點與差距，明確努力的方向，堅定前進的腳步。

⊝ 積極轉化自己的缺點

有人說，我們的美德和缺點是一對親密的夫妻，生下的孩子既像父親也像母親。的確如此，世上的萬事萬物都是矛盾統一的結合體，存在着一個相互影響、相互轉化的過程。一個人眼中的缺點，也許是其他人眼中的優點；此時的優勢，也有可能成為彼時的缺憾。缺點就是優點的延續，拿到硬幣的一面，另一面也會毫無懸念地如影隨形。所以，我們要積極地促進缺點的轉化，正視缺點的存在，找到問題的根源，並盡快着力解決。當然，有些缺點也許很難一下子轉化為優點，即使如此，我們也要盡量消弭它的負面影響，趨利避害，去偽存真，將缺點轉化為自己的特色與個性。我們承認有缺點才更顯得有血有肉，但我們不會擱置，甚至放縱自己的缺點，我們也不是一心苛求完美，而是想要追求一種趨向完美的心境。

⊝ 保持自我管理與自信

存在一些小缺點根本無礙於我們的自信，只要我們積極進行自我管理，勇敢地去面對，信仰的力量就能夠逆轉缺點，使其成為孕育優點的花蕾。一個人會如何發展，在很大程度上取決於他的內心力量，積極思索、思路正確，就能走得更遠，走得更穩。我們不會姑息遷就自己的缺點，可即使有缺點也要充滿成功的自信；我們要學會在自信中改變自我，在維護自尊的同時加強自我管理；用肯定優點的方法糾正缺點，用賞識自己的心態昇華自身。成熟的人生其實是理想與世俗的結合，只有守護住心靈的淨土，內心的廣博強大才是真正的美麗。

方法 64　提高對自己的評價

　　每個不甘平庸、嚮往成功的人都該牢記——「最優秀的人就是你自己！」我們要敢於提高對自己的評價，敢於在更高處定位自己，唯有如此，才會激發自己奮發昂揚、求索上進的心志，扎實地奠定成功的根基。

⊖ 認清自己的位置

　　正確的自我評價，要從認清現狀、準確定位開始。為甚麼同樣的一種生活，有的人就可以過得平淡愜意，甚至多彩多姿，有的人卻只落得黯淡淒涼、徒增憂傷？很明顯，這些並不是受到甚麼客觀因素的影響，而是個人的主觀意識在發揮作用，是內心的自我評價所引發的積極或消極的結果。即使你千百萬次地抱怨眼前的一切，卻還是於事無補，倒不如認真地分析形勢，了解自己的處境，看清自己的優劣，接受它、欣賞它、提升它。這就為下一步的潛力發揮做好了心理建設，打下了持續進步的基石。

⊖ 享受現在的自己

　　哲人說，人生只有兩個目標：取得你想要的，享受你所有的。但只有少數智者才能達到第二個目標。人們總是在抱怨命運不公，認為「不如意事十之八九」，但其實仔細想來，即使自認為最不幸的人，也曾經受過造物主的恩惠。《格列佛遊記》的作者、英國文學家斯威夫特一生悲苦，內心充滿悔恨與不甘，終年穿着黑衣，

守齋禁食。即使如此，他仍舊認為：「世界上最好的醫生是節食、安靜與快樂。」所以，我們要為自己的幸福負起責任，別對自己與他人過分苛刻，保持積極的想法和行動，建立自信，心懷感激，用心享受眼前的生活。

⊝ 努力提高自我評價

美國成功學專家吉格勒提出過一個吉格勒定理，他認為除了生命本身，沒有任何才能不需要後天的鍛煉。水不積無遼闊，人不養不成才。不要總幻想着去改變他人或者世界，而應首先付出努力，做你想成為的人。心理學上有一種「馬蠅效應」：再懶惰的馬，只要有馬蠅在身上叮咬，也會抖擻精神，跳躍奔跑。一旦提出較高的自我評價，就相當於給了自己一個正向的刺激，並由此獲得積極的反應，取得明顯的效果。並不是生活更青睞那些愈挫愈勇的人，而是相信自己能贏的人遲早會成功。所以，我們一定要對自己心懷希望，盡可能多地提高自己的才華和技能，肯定自己的每一點成績與進步，時不時為自己加油打氣。可以在每個夜晚回顧自己當天做過的事情及採取的方式，多問問自己怎樣才能做得更好，哪裏還需要改進，並以此修訂計劃，提高工作效率。

勇敢地在眾人面前講話

在愈發講求個性、彰顯自我的現代社會中,當眾講話幾乎成了每個人生存的必需品與常備技能,無論是在學校裏還是在職場上,是低至一線職工還是高至管理層,能夠在眾人面前講話都是最根本的質素,是表達自我思想、與人交流溝通的必要工具。英國前首相丘吉爾就曾經説過:「你能對着多少人當眾講話,你的事業就會有多大!」

一提到在公共場合講話,我們立刻就會想到馬丁·路德·金那令人熱血沸騰的名篇《我有一個夢想》,想到五四運動時一襲長衫、繫着圍巾的知識分子們慷慨激昂的演説,想到大大小小的演講比賽中那些振奮人心的演講。而這些就是當眾講話留在我們腦海中的印象——揮舞着手臂,充滿了激情。其實,這些不過是僅供普通人仰視的奢侈品,這種帶有表演性質的講話,在我們的生活中,是沒有甚麼用武之地的。試想一下,如果身邊的朋友、同事整天用抑揚頓挫的演講體與你對話,你一定會不厭其煩,甚至會猜測這人是不是有甚麼問題。那種所謂的舞台上的演講,離我們的生活和日常需求實在太遙遠了。

人人手中都有麥克風的年代,光有實力與才幹是不夠的。要想真正地被人認識、受人認可,就需要勇敢地表達自己、展示自己,唯有如此,你才能早日在人海中脱穎而出,讓眾人充分了解你的長處、賞識你的優點、承認你的才幹。否則,即使你有再強的能力、

再高的技術與再多的經驗，也會埋沒才華，得不到賞識。所以，**我們一定要放下心理包袱，勇敢地展現自己、詮釋自我。**

⊖ 磨礪膽識

　　小説家、戲劇家契呵夫也説：「只要你説話有權威，即使是撒謊，人家也信你。」這些都告訴我們在演講時氣度與膽識的重要性。而「膽識」二字恰恰是無數當眾講話者難以過去的「鬼門關」。材料準備得再好，背誦得再熟，可一旦站到台上，看着下面烏泱烏泱的人群，就會立刻渾身冒汗、腿軟腳輕、腦子裏一片空白、張口結舌説不出話來，這就是膽量不足、缺乏自信的表現。也有很多人試着勸服自己：我準備得很好，我不緊張！孰料卻適得其反，加重了心理負擔。那麼，索性狠狠心、豁出去，坦蕩地跟自己説：我接下來應該會有點緊張，甚至會出糗，不過那也沒甚麼，堅持把自己想説的話説完，一會兒就過去了。這種直面現實，破釜沉舟的想法，反而會令自己更加淡然和鎮定。上台後，首先踏實站好，保持微笑，眼睛掃視觀眾，深呼吸後再張口説話。這種安定的姿勢，能夠令講話者迅速進入沉着鎮定的狀態。就這樣從訓練外在的體態語言開始，由外向內一層層改變，最終改善人的心理質素，由「無膽」變為「有膽」。

⊖ 增加儲備

肚子裏沒甚麼話，縱然你渾身是膽，也做不出精彩的演講來。英國詩人雪萊說，人有一顆產生感情的心，一個能思維的腦，一條能說話的舌。在當眾講話時，前兩者往往要比會說話的舌頭更加重要，如果沒有想通想透就貿然開口，倒不如閉口不言更好一點。正如西班牙小說家塞萬提斯所說，說話不考慮，等於射擊不瞄準。因此，講話時除要鎮定自若，不慌不忙之外，還要思想深刻，言之有物。這就需要我們在平時有意識地進行知識儲備，做到厚積薄發，還需要演講前在台下的多方準備，演講稿的悉心整理，等等。如此，才能做到思路清晰，沉着自信，才能把事前的精心準備完整地表現出來，甚至做到超水平發揮。

⊖ 勤能補拙

我們怎樣才能達到這一境界呢？最切實可行的做法就是把握住每一次當眾說話的機會，漸入佳境，勤加練習。我們應該經常到人群中去，與陌生人交談，試着發表自己的見解，有意識地使自己的講話內容更深刻、更新穎、更有見地。然後，逐步要求自己的語言聲情並茂、形象生動、好聽好記、魅力十足。切忌口若懸河，滔滔不絕，更不可誇誇其談，言不及義。像這樣不間斷地反覆鍛煉、提高、學習，嘴巴再笨的人也一樣能夠成為說話高手。

方法 66 告訴自己沒甚麼可怕的

　　勇敢是每個人成功過程中不可或缺的因素，唯有勇敢地面對未知的一切，才能真正放手去追求；因為當更好的發展機會出現在我們面前時，需要足夠的勇氣才能面對，優柔寡斷、思前想後的人永遠不會抓住最好的機遇。一個人擁有了勇敢，就同時擁有了創新和才華，這些都能鼓勵我們前行，去探索所有未知的美好。那些沒有勇氣的人不但無法繼續得到，反而可能失去已經擁有的一切。

　　所以，在你退縮的時候，在你屈服的時候，大聲告訴自己沒甚麼可怕的，這不僅僅是一句普通的鼓勵話語，更是我們每個人都應該持有的一種泰然自若的人生態度。面對挫折，我們不會畏懼，不會流淚，那些又鹹又澀的淚水，只會讓自己的傷口更加疼痛，更難癒合。德國思想家歌德說，勇敢裏面有天才、力量和魔法。那就讓我們盡情揮舞生命的魔法棒，努力去做一個臨危不懼、不可戰勝的人生強者。

要有文明的舉止

良好的行為習慣是一種資本。 而規範的禮儀一旦形成了習慣，就可以轉化為一個人的內在性格與情操。心理學家認為，同態度決定行為一樣，行為也確實是能夠改變態度的。因為沒有人願意讓自己看起來自相矛盾，即使不過是迫於形勢而做出一些隨大流的舉動，也會盡量公開地表現出與自己行為一致的心態。哪怕最初只是假裝的，做做樣子而已，久而久之，卻能夠最終引發自身真實態度的轉變。當我們承認了禮儀與公德，並自發地去維護它的時候，我們就會更加堅信自己的所作所為，甚至形成一種顛撲不破的出於正義的信仰。

我們不妨經常問問自己，究竟要以怎樣的精神風貌、思想品質和道德水準去面對整個世界，面對身邊的人。深思熟慮之後，我們就會明白，舉止有度、大方得體，首先是對我們自己的一種關懷與尊重。而這一類的文明舉止更會反作用於我們的內心，督促自己不斷提高內心的道德底線，昇華自己的思想境界、道德質素與個人修養。

所以，我們要加強自我約束，一心向善、向美，日復一日地完善自己的言談舉止。從一點一滴做起，從身邊小事做起，不容小惡，不拒小善，改掉惡習陋習。做一個講文明、重禮儀的高尚之人，給人一種大氣穩重、謙遜守禮的正面印象，無論是在語言方面，還是行為方面，抑或人際交往與接人待物，都盡力遵循風俗習慣、傳統禮儀，不斷自我對照、自我檢查、掌握分寸、適度得宜，為淨化心靈、弘揚新風做出自己的一份努力。

做自己喜歡做的事

當你在做自己喜歡的事業時，就會不由自主、自然而然地表現出更多優秀過人的品質：堅韌不拔、無所畏懼、抗高壓、抗打擊、屢敗屢戰、不輕言放棄。而這份事業依舊不改當初的美好，正是因為一切都是你心甘情願的，都是你想要的。要知道，選擇一份自己感興趣的工作，並且有人願意付錢給你，這肯定會令你更加快樂、更有激情，哪怕只收穫零零星星的成功，也會因為獲得更多的滿足感而倍加珍惜。

可世界上的事哪有甚麼一定和必須呢？一旦你沒有那麼幸運，而是正迫於生活的壓力，從事着一份自己不喜歡的工作，那又當如何呢？其實，這依舊是合理的，活着才能發展，人必須先努力生存下去，然後才能邁出下一步，再去追求自己真正想要的東西。只要你不放棄追求、不泯滅希望，就完全可以把目前正在從事的職業，當作抵達你夢之遠方的彼岸前的歷練與過渡。想像着自己正在為靠近畢生所愛的事業而努力，一切就不會那麼難熬和令人生厭了，你會願意盡力把手頭的工作做好，令自己盡快進入心之所向的豐腴之地。

　　所以，我們不能過於草率，雖然說人應該為自己喜歡的事業而奮鬥終生，但如果時機還不夠成熟，我們也要為之做一些迂迴往復、「曲線救國」的努力。假如你認為目前的工作收入還不錯，自己也已經得心應手，那麼，就算這並不是你真正感興趣的事業，也不要過於衝動、貿然辭職。即使你做不到「做一行愛一行」，最理智的做法也是：把目前的工作踏踏實實做好，從中累積人脈與經驗，努力掙錢，實現財務自由。然後，你就可以無後顧之憂地追逐自己的夢，尋找屬自己的幸福。

　　生活常常會將我們改變得面目全非，它使我們愈來愈偏離真實，愈來愈遠離自己，它使我們的理想看起來像白日夢一樣荒唐。**但人活一世，總要有所追求，做自己喜歡做的事，我們願意持之以恆，堅持到底。無論最後的結果怎樣，做過了就無怨無悔，甘之如飴。**

擁有
一技之長

"

在紛繁喧鬧的現代社會裏，我們不但要做手握文憑證書的知識型人才，更要成為一個有操作技能的技術型人才。如此，才算擁有了自己獨特的競爭力，能夠充分地實現自身價值。「家有千金，不如薄技在身」，只要你願意靜下心來潛心研究，專攻一業，必定會學有所成，一技傍身。

"

培養廣泛的興趣。孔子曰：「知之者不如好之者，好之者不如樂之者。」也許我們的時間有限，天賦也有限，但只要願意伸展心靈的觸角，那些無處不在的機會與誘惑卻是無限的。一個人懂得愈多，興趣也就愈多；知識愈多，能力也就愈強。興趣能夠讓我們更加堅定地專心研究。儘管前路坎坷，儘管挫折眾多，強大而持久的興趣卻能對抗疲憊和倦怠，讓我們始終保持興致盎然，始終追逐完美極限。濃厚的興趣會鼓舞我們在不確定的命運中跳出最堅定的舞步。一旦你開始對某種事物感興趣，無論成功還是失敗，贊同還是打擊，甚至生與死都無法動搖你前進的決心。所以，我們要厚積薄發，合縱連橫，多累積、多涉獵，培養起寬口徑、多層次的興趣體系，然後通過不斷的學習、實踐將其變成自己的能力。

尋找自己的特長。一旦有人問到你的特長，不要再泛泛地回答：唱歌、寫作、畫畫……這無疑是一個減分的答案。因為真正擁有特長的人，會更加自信地推薦自己，極力將自己的優勢講解得細緻具體。在自己所擅長的領域中，他們會有更加持久的工作興趣、更強

大的潛能與驅動力。我們允許自己有廣泛的涉獵與眾多的興趣，但人的時間、精力、財力畢竟都是有限的，我們需要有理性誠懇的分析解讀，尋找和確定自己最為突出的優點，然後集中精力着重加以強化和培養。就是説，要在你眾多的突出能力中抓住最有信心的、最獨特的方面，將其作為職業生涯技術來重點加強。你可以選擇自己最拿手的，也可以將最感興趣的事物作為特長，還可以挑出最符合自身志向與價值觀的那一項……總之，要真實地做出內心深處的選擇與決定。因為你的鍾愛就是動力的泉源，探索得愈深愈遠，就愈會覺得興奮、有趣，生出更進一步提升自己的願望。

展示自己的才華。美國著名心理學家羅杰斯説：「健全人格的人不光能體驗到自在、自願選擇以及矢志不渝的絕對自由，並且還能加以運用。」有了興趣與特長，如果只是隱在暗處，那麼，對於你的職業發展與生涯規劃依舊毫無幫助。「藝不壓身，藝不虧人」，技藝精湛者，必定大有作為。所以，我們不必過分謙虛，要勇於展現自己的才華，將特長充分發揮到極致，並最終獲得人們的認可。如此，你才真正向世人彰顯了自己存在的價值，才不會辜負你千錘百煉、苦心培養得來的一技之長。

一技之長是我們在內外部的激勵下，尋求到的一種最簡捷有力、最為高效的行動途徑。只有把發展重心放在自己身上的人，才會主動地自我完善與加強，才會更自覺地累積資金、人脈與各種資源，打造自己的品牌，實現自我循環與自我發展。

積極改變自己的形象

一個成功的形象,在向他人展示你的自信、尊嚴與能力的同時,也能夠喚起自身蘊藏於心的優良質素。鑑於展現了一個清爽的形象,你會對自己的言行談吐提出更高的要求,讓每一個微笑、每一次視線接觸都力求完美。正因如此,你也會愈發氣質高貴,舉手投足間都散發着成功者的氣度與魅力!

尤其是對於欠缺自信的人來説,形象就是自我宣傳,就是創造效益,甚至就是生命,更重於其他的一切因素。在生活中,我們也許沒有貿然向陌生人請教的勇氣,但可以勤照鏡子,多加留心,為自己的形象做一些積極而有益的改變,努力地修飾和美化自己。

⊖ 改變外部的視覺形象

蒼白黯淡的膚色、乾燥無光的頭髮、鬆鬆垮垮的衣服、髒污變形的鞋子……當一個人呈現不好的狀態時,其他人就會不自覺地推廣延伸,將這種不良印象一一投射到這個人的精神狀態、個人能力、審美品位、生活情趣等諸多方面。所以,我們要重視自己的髮型、服裝、飾品、面容、舉止,每天花一點時間來檢查自己的儀容:頭髮是否整齊、衣服配色是否得體、鞋子是不是應該擦亮。這些細節都會對你產生微妙的影響,令你感覺良好,行動積極。努力以符合自身期望的形象出現,維護和保養好視覺上的自己,妝容大方、舉止合宜、沉着自如、優雅得體,更好地向全世界表明你的態度、你的權威、你的能力。

⊖ 改變內在的氣質修養

外在的修飾只是我們的視覺工具，真正的修養還是在於內心。正如英國哲學家培根所說：「把美的形象與美的德行結合起來吧！只有這樣，美才會放射出真正的光輝。」我們應該不斷充實自己的思想與頭腦，讓自己更強大、更廣博，用無盡的知識來武裝自己，多讀書、多行路、有學識、有見地，從書本和實踐中持續地汲取營養，拓寬眼界，磨礪心性。我們要真正地認識自己，提升自己，擁有充足的自信，文雅的舉止。走路時，肩背挺直、昂首闊步；交談時，低聲慎言、語氣堅定；工作時，目光坦蕩、行事果斷；社交時，自然友善、風趣熱情。要讓自己的思維、處世、言談、舉止都像一個真正的成功者那樣，鎮定自若，值得信賴。

⊖ 改變深層次的心靈態度

形象就是一個人看待自己的方式，是潛意識的自我表達。你向外界所展示的自己，其實就是自己心目中的那個你。因此，要想真正地改變自己的整體形象，就要保持積極的人生態度，正確看待挫折與失敗，形成淡泊開闊的處世心態。保持微笑，常懷感恩，讚美並欣賞每一個人；謙遜低調，待人以誠，記住哪怕只有一面之緣的人的名字；放寬心胸，重視信譽，不吝嗇你的真誠與熱情。珍惜每一處風景，尊重每一個生命，自信樂觀，充滿生機，堅持做最健康、最真實的自己。

Chapter 8

消除焦慮的
情緒調節法

不要讓批評傷害你

　　一個開明的人是不懼怕批評的，更不懼怕被眾人找出缺陷。因為唯有如此，他才能及時發現缺點、糾正錯誤，才能迅速回歸正途、發展進步。但在善意的批評之外，總會有一些惡意的詆毀，我們又當如何對待呢？首先你當了解，不公的批評根本無從避免，但我們仍然可以決定自己是否要受到這種無稽攻訐的干擾。凡事盡力而為，然後撐起避開責難之雨的傘；凡事盡力而為，然後遠離那些凶殘的批評之箭。

⊖ 樂觀看待善意的批評

　　批評猶如一劑苦藥，引人排斥，令人痛楚，卻對於人們的缺陷和不足的改進着實有益。反之，人人都說讚美是甜蜜的，但諸多無意義的讚美堆砌起來，也有可能招致人的厭倦。批評也許會令人心生防備，也許會傷及人的尊嚴與驕傲，也許會萌生厭惡與怨恨，但從我們自身發展的角度來講，我們有必要了解身邊人的想法，了解他們的關注點和視角，了解他們對我們的讚美與批評。不管你認為自己多全面、多完美，你也不得不承認，總會有自己照顧不到，看不週全的地方，此時，就需要用心聽取旁人的建議與批評的聲音。首先，放低姿態，認真傾聽，真正理解對方的意思，而不是急於反駁與否定；其次，不要惱羞成怒，而要告訴自己這些批評只是對事不對人，如果暫時無法接受，那就等待平靜之後再來回味反芻；再次，端正心態，把每一次批評都當成學習進步的契機，無論是否被

錯怪、被誤讀，總歸是你在別人眼裏的一種反饋；最後，接受批評，積極改正，但不喪失自信，保持心理平衡，永遠相信自己，不盲目地自我否定。要知道，善用批評的人才會變得更加優秀，合理的批評能夠改善你的接受力和內驅力，推動你不斷地成長進步。

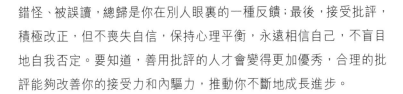 對惡意的批評置之不理

我們都喜歡說一句自我開解的話——「走自己的路，讓別人說去吧！」可究竟有幾個人能夠灑脫如斯呢？大部分人總是過於看重所謂的名聲與面子，從而束手束腳，患得患失。人言也許真的可畏，但人只有這樣短暫的一生，當然要為自己而活，當然不該讓自己活得太累。對於那些惡毒的攻訐、發洩式的批評，我們不妨坦然面對，一笑置之，正所謂「百花叢中過，片葉不沾身」。把那些只會給我們添堵的毫無意義的聲音當作一陣耳邊風，這是對於惡意批評的正確應對。否則，你要在意它，只能心懷恨意、沾染身心；你要回擊它，只能針鋒相對，身陷困境。其實，不合理的批評恰恰能夠磨煉我們的獨立判斷力和自我控制力。我們無須一遇見觀點不同的人，就立刻貼上危險的標籤，烙下記號將之視為敵人，反而完全可以擱置爭議，置之不理。我們不應奢求得到所有人的理解和支持，只要是自己認定的道路，就要堅定目標，明確方向，把腳下的路走好。在這種時候，無論是批評還是讚美，都與我們沒有太大關係。

⊖ 對那些批評你的人寬容以待

當有人對你出言不遜時，你會怎麼做呢？恨他，敵視他，還是與他結下予盾？我們不必墜入自憐的深淵，也不必以牙還牙，憤恨不平。我們真正要做的，就是原諒和寬恕。我們不動怒，就不會把自己拋進復仇的旋渦，不會給對方任何機會來傷害自己。

沒有甚麼真正值得惱羞成怒的事，也沒有甚麼真正惡貫滿盈、不可饒恕的人。既然我們的耳朵裏一定會不絕批評之聲，那麼，我們就應當學會怎樣去正視和善用批評：不因批評而對自己過分吹毛求疵，不因批評而對他人一直心懷恨意；**自謙、自省、自我完善，不讓自己受到傷害，時刻鼓足繼續奮鬥下去的勇氣。**

不要為工作和金錢煩惱

　　人活着就總要面對這樣一個迫在眉睫的問題：你將如何謀生？你會選擇一種怎樣的生活？萬眾矚目、轟轟烈烈，甚至拯救地球的高位固然令人神往，但請你相信，最適合自己的工作，也許不一定會令你腰纏萬貫，過上奢靡的日子，但一定會讓你感到前所未有的快樂。不管你如何高看自己，認為自己有怎樣驚人的才能，在平凡無奇的崗位上照樣可以找到自己的價值，照樣可以發光發熱，從不起眼的起點上走出一條新路來。**永遠記住，只要對你的工作心懷熱愛，你就能夠從中收穫成功與快樂。**

　　心理學家認為，人類 70% 的煩惱都與金錢有關。「貧賤夫妻百事哀」、「有錢能使鬼推磨」……這些俗語都為我們揭示了沒有錢寸步難行的殘酷現實。但你可知道，即使我們擁有整個世界，依舊還是一天三頓飯，睡覺一張床——即使是一個路邊的乞丐，也照樣能夠做到這一點，他們甚至會吃得更加津津有味，睡得更加安穩香甜。當我們面對金錢的誘惑時，往往會失去自己的理智，一再求索，永不知足。我們在處理金錢的問題時，就是這樣偏執與盲目。錢多錢少其實並不是最重要的，關鍵要看我們會如何支配手中已有的那些金錢。

⊝ 減少工作中的焦慮

　　當工作陷入僵局或者纏繞成一團亂麻的時候，不要絕望地大喊 stress，也不要滿心沮喪地呆坐着，就這樣敗給了焦慮。不妨給自

己一個短暫的冷靜時間，也許是 5 分鐘，或者是喝一杯咖啡、與同事聊上兩句的空當，讓暴躁的情緒迅速冷卻下來。整理好心情之後，就回歸正題，從頭細細思量真正困擾你的問題是甚麼。只有先梳理清楚需要面對的問題，才能進一步分析應對，從而有效地解決問題。但我們不應該走一步看一步。解決問題之後，我們要深挖問題出現的根源，總結經驗教訓，避免類似的問題再次出現。這樣處理工作中的煩心事，才更科學，才會令你更快地邁向成功。

⊖ 處理金錢的煩惱

一說到錢，似乎每個人都會眼睛一亮；因為大家都知道，錢的確是好東西。但錢同時也是萬惡之源，是煩惱的發源地。從富翁到乞丐，都逃不掉與錢有關的難題。對於大多數人而言，掙多少錢好像都解決不了他們的財政危機；因為當他們的收入增加之後，也會大幅增加開支，會有更多隨之而來的令人頭痛的難題。所以，我們除要知道該怎樣賺錢之外，還應該明瞭怎樣花錢的問題。首先，要制訂一項量身定做的理財規劃。「沒有規矩，不成方圓」，制訂理財計劃，並嚴格依照計劃進行均衡分配，除能夠使我們的金錢流向更加一目瞭然之外，還能夠帶給我們精神上的安全感，以及一切盡在掌握中的優愈感與自足感。其次，為生活設定雙重保險。在資金有限的前提下，我們應該盡力讓自己的錢花得更有價值，比如在自我培訓與提高方面可以稍顯大方一點，為將來更好的生活積蓄動力；還要記得始終留存一些應急時用的儲蓄，未雨綢繆地購買健康、意外之類的保險產品。最後，適可而止，不貪得無厭。錢永遠不夠花，也永遠賺不完。即使我們無法大幅提高自己的經濟水平，至少我們可以調整自己的心態——不要總是因為別人比自己的經濟狀況更好而惱羞成怒，家家有本難唸的經，每個人都會有各自的煩心事和苦惱，這樣比上不足，比下有餘的感覺也挺好。

 過自己喜歡的生活

完滿自我、享受生活原本應該是日子裏的頭等大事，但在喧囂的聽不見心靈低語的現世裏，我們愈來愈背離了生命的本質，只是一味地好高騖遠，一味地攀東比西。我們開始逐漸遠離自己內心的聲音，管不了甚麼自我，顧不上甚麼偏好，一窩蜂地去追逐金錢和名利，為了享受而享受，把無限的佔有當作人生的終極目的。結果呢？當然只有一點點得到，卻有更多的失去。我們弄丟了曾經的真誠和美好、踐踏了自己的榮辱與尊嚴、失去了寶貴的朋友和真情、遺忘了活着的目的與本意。在兩隻手抓緊物慾的同時，釀成了心理失衡的苦果。所以，我們要及時回歸生活的本質，過自己喜歡的生活。一個人生活上的快樂，應該更多地來自內心的平和富足，盡可能少地源自對外界事物的依賴。如果你心靈不平靜，那麼即使你擁有了全世界也不會開心。我們不妨解脫和寬慰自己，原諒生活的不完美，豁達開朗，積極樂觀，不讓憂慮和悔恨來擾亂我們的生活。

學會讓焦慮到此為止

　　浮躁的現代人即使有吃有穿也會憂心忡忡、深感不安,發愁着那些明天、後天,甚至永遠也不會到來的危險。醫學家認為,焦慮是對人造成心理危害最大的一種負面情緒,對人們身心的傷害甚至超過了一般性的疾病。它會令人在焦慮與緊張中惶惶不可終日,極大地壓縮了人的正常壽命。所以,**我們一定要學會在焦慮中急剎車,懂得讓焦慮到此為止。**

⊖ 避開心浮氣躁

　　人們似乎總是希望能夠快速地擁有大把的金錢和權力;為此,他們不在乎甚麼內容與實質,不在乎甚麼心情與過程,只要一個最後的結果,只要一種虛無的形式。這種時候,他們就會變得無比脆弱,哪怕只有一點點風吹草動也會令其一蹶不振;即使身邊還有親人的陪伴、伴侶的安慰、朋友的鼓勵,也依舊於事無補。再明媚的晴空朗日,再舒暢的鳥語花香,也撫慰不了他們受傷的心田,只肯將自己蜷縮在逼仄的角落裏。這樣的武斷與浮躁,明顯不會令人們快樂,他們會與這世界上的種種美好一一脫節,只剩下一個實際到無趣的人生目的,這當然不是我們所希望看到的。所以,一定要自我開悟,體會生命的真諦,相信再大的挫折也不過是一次體驗的旅程,因為人生本來就是一次探險之旅。無論遇到甚麼都是一種收穫,不問最終結果如何,我們只需要一顆在路上的心。

➊ 學習體會生活

總是把前途看得太渺茫、把風雨看得太寒冷、把困難看得太強大、把得失看得太凝重，長此以往，我們還怎樣能從容自信，怎樣能友好真誠？人們常常把事情想得太壞，把世界看得太自私，於是，他們紛紛戴上了心照不宣的假面具，扔掉了真誠與友好，學會了虛偽和陰謀。試想，懷揣這樣一顆活在暗處的心，如何能夠品味生活、體會人生？其實生活，原本就有苦有甜，但甜有甜的美好，苦有苦的酸爽，一路走來，就當百味嘗盡，方不辜負一生光陰。所以，我們要看淡放下，學會享受生活。試着端正心態，既坦然地面對苦難，又淡定地品評喜悦。讀懂生活的意義並不在於金錢、物質、權勢和名利，而在於細數人世坎坷，坐看明滅光陰，用一種樸實無華的心境，去真正地體會和領悟生活。

➊ 完滿昇華自我

當焦慮來臨時，我們不可任其蔓延，放任自流，而需要放平情緒心態，進行自我調節。可以外出散散步，可以適當做一些運動，可以約朋友説説笑笑、吃吃喝喝，也可以遠足、郊遊，觸摸更多生活中的陽光與快樂。我們當然不能沉溺於憂傷與焦慮，因為我們每個人其實都已經得到了很多：我們擁有生命，擁有健康，擁有陽光、水分和空氣；我們擁有靈活的頭腦，擁有廣博的知識和智慧，擁有自己的思想；我們還擁有愛情、家庭、事業，擁有一切生活中的小幸福與小快樂。如此，我們難道不應感謝上蒼，努力生活嗎？我們應當積極進取，不斷地完善和發展自我，讓自己泰然自若地品味痛苦、享受挫折。無論青春還是衰老，無論平和還是忙碌，無論貧窮還是富有，我們都應懷着一顆感恩之心前行。不管酸甜苦辣，不管順境逆境，不停止生命的腳步，只好好感知那生活中的春華秋實、花開花落，用平和的心態去擁抱世界、提升自我。

忙碌可以消除焦慮

忙忙碌碌的生活裏，我們似乎總會時不時地生出困擾，滿心焦慮，常會無端地襲來一陣陣的心煩意亂，感覺自己光陰虛度，一事無成，心情沮喪又低落，手頭的工作再也幹不下去。那麼，我們為甚麼會這樣焦慮呢？有可能是因為生命太過空虛；有可能是出於自責，認為沒能成為最好的自己，也有可能是羨慕身邊活得更出色的人，心裏着急上火，不由自主地埋怨自己。既然這樣，**打敗焦慮的最好辦法，就是正視那些焦慮，然後逐一對症下藥，加以解決處理。**而以上幾種焦慮的成因恰恰都可以通過投身忙碌，提升生命的速度得到解決，心裏太空虛？讓自己忙起來；做得不夠好？讓自己忙起來；羨慕旁人的優秀？讓自己忙起來⋯⋯忙碌正是消除焦慮的最佳選擇，可謂標本兼治，一勞永逸。

⊖ 轉移你的注意力

你被人誤解，失戀了，抑或是無比珍視的親人朋友離開了你，你痛心疾首，你淚流滿面，一直悶在屋子裏舔嘗傷口，一遍遍地回首往事。但這些畢竟於事無補，倒不如做點別的事情，讓自己動起來，轉移自己的注意力。可以洗洗衣服、徹底收拾一次家裏、看幾本書、出門探親訪友；也可以做做體操、游泳、瑜伽、慢跑、快走一類的體育活動，刺激大腦釋放出令心情變好的化學物質；最好的

做法莫過於把心情上的壓抑轉化為工作上的動力，自覺地加加班、看一些行業領域內的期刊與書籍、制訂今後一段時間內的工作規劃、鑽研一下工作上懸而未解的難題……這些忙忙碌碌的瑣事都能平復你的心情，幫助你宣洩壓力，緩解抑鬱和焦慮。

⊖ 永遠不要站在原地

　　人生是殘酷而又現實的，沒有人會為你等待，也沒有機會肯為你停住腳步，只有努力地與時間賽跑，才能夠盡情發揮自己的潛能，才可能邁向輝煌，擁抱成功。頗負盛名的美國棒球手佩奇說過：「永遠不要回頭看，有些人可能會因此而超過你。」同樣地，我們也不要遇到一點挫折，心生一些迷惑就呆呆地楞在原地，任憑光陰分秒逝去，不妨先做後想，先讓自己動起來，然後一邊前行一邊繼續摸索。

不要因為小事而氣餒

我們常說，只要是自己認準的道路，就是跪着也要把它走完。其實，這種說法也對也不對。如果你本身的道路選擇就有問題，那麼，不撞南牆不回頭的人也只能成為「憋死的牛」、「愚死的漢」，終歸不會做出甚麼大成績；但如果你堅定了自己的道路信仰，就當不疑惑、不張望、一往無前、只進不退。要知道，自信與毅力對於一個人的成功是有多麼關鍵，行動實幹永遠比站在原地思量揣摩重要得多。

人生最後悔的事，就是轉身離去後，才發現自己距成功只差一步之遙；而這其中最令人感到惋惜的就是，因為些許的小事而氣餒，被一些小挫折所打倒。永遠不要怕黑，不要怕在摸索中碰壁或被絆倒，摔摔打打都是人生的必修課，實實在在地大幹一場，你的人生才會有所作為，發光發熱。

所以，在你堅信自己的道路正確之後，就不要再思前想後，顧忌太多。小煩惱、小挫折、各種各樣的小問題都放馬過來吧！**既然我們一心想要追逐成功，就已經做好了飽經磨難的準備與心理建設。**我們南牆也撞得，跟頭也摔得，只要命運沒有掰彎我們的脊樑，沒有摔斷我們的手腳，我們就要憋着一股勁往前走，大風大浪尚且不懼，更遑論幾場毛毛雨的侵襲與困擾！

試着接受不可避免的事實

在漫長的人生旅途中，我們一定會遇到很多逆境，遇到很多不得已、不情願的事情。此時，我們是怨天尤人、捶胸頓足，還是拿出胸襟和雅量，接受並適應無可改變的現實？有人說，在打牌時，你最初拿到一把甚麼樣的牌其實並不是最重要的，如何把手中現有的牌打好，才是制勝的關鍵。我們無法自主選擇即將到來的每一件事情，正如挫折、失敗、生老病死，甚至更多的幸或不幸都不會提前預告，總是突然而至；但我們始終可以做到的，就是選擇自己的心情。當你試着去接受不可避免的事實時，你會驚奇地發現，在不得不如此的境遇下，我們都能很快地接受無論多麼糟糕的現實，並在逐漸適應之後，很快將其忽略與忘記。

當然，接受現實並不是讓我們逆來順受，也不是讓我們束手就擒，安於現狀，不思進取。而是說當我們發現情勢已經無法挽回的時候，就應該秉持積極的人生態度，不要拒絕接受、幻想奇蹟，這些做法都無法撼動既定的事實。我們所能做的唯有接受、消化、適應，整理好心情，走好下一步路。

我們不能一碰到挫折就立刻求饒，低聲下氣；相反，只要還有一絲機會，我們就不會放棄拼搏努力。**很多時候，世界上有些事情都是無法避免的，當沒有任何轉機時，我們要保持理智，接受現實，承受住災難與悲劇的打擊，並逐漸適應和戰勝它們。**只要你願意，就能夠克服前行路上的種種磨難；只要你願意，就沒有甚麼不能接受。

保持自我不改變

　　一個人想要生活得坦蕩快樂，最重要的就是相信自己，不疑不惑，努力保持自我本色。因為唯有堅持自我的人，才能真正體會屬自己的人生，才能追隨自己內心的聲音，按照最適合自己的模式去生活。只有這樣真實的自我，才會擁有最簡單、最快樂的一生。

　　在競爭激烈的現代社會中，無論是面對生活，還是身處職場，我們難免或多或少地會受到其他人的影響。每當我們想要站出來發表自己的意見時，每當我們想要講述一下內心真實的聲音時，總會有很多猶疑和忐忑羈絆住我們：別人會怎麼看我呢？上司會不會因此而對我產生偏見？就在這樣的拉扯與糾結之中，我們漸漸地縮回了自己的手腳，壓抑了自己的心。當遇到挫折與困境時，我們也會心生疑竇：是不是自己沒有足夠的能力和水平，不該再繼續堅持走下去。在軟弱無助的時候，我們就要有「雖九死其猶未悔」的決心，聽從自己的心，做出最真實的選擇。出師不利當然會灰心喪氣，但想一想自己未完成的夢想，想一想自己在心底反覆描繪過的畫卷藍圖，如此，即使曾經無數次地想過放棄，但因為保持自我，你依然能夠咬着牙堅持下去。

當然，我們說堅持自我，保有本色，並不是要墨守成規，一成不變地過下去，循規蹈矩地盲目從眾並不是我們想要擁有的那種生活。缺乏創新意識、不能自我完善和進步的人，不會有甚麼大長進、大出息。我們要堅持做自己，其實就是要聽從自己的本心、本性，「窮且益堅，不墜青雲之志」，不為外物所擾，不因名利、前程而泯滅良心，自我放棄。

　　德國哲學家康德說：「既然我已經踏上這條道路，那麼，任何東西都不應妨礙我沿着這條路走下去。」我們可以不斷創新，打破常規，找到差距就不停地追求進步，遭受打擊也不退縮氣餒。但人心底總會存在一條所謂的底線，那就是跟隨你最純粹真實的自我，前路再遠，莫忘初心。

必要的時候可以做做白日夢

心理學家認為，想像力其實就是一種重構現實的能力，豐富的想像力不但能為我們的工作帶來很多好處，還會對人的心理產生積極的影響。**當我們一次性汲取了冗雜而大量的訊息，一時間無從整合分類時，不妨閉上眼睛，做一做白日夢。**此時，大腦在胡思亂想的過程中，也在高速運轉着，會將剛才接收到的訊息自動進行整合，有利於刺激智能發育，更好地消化與學習。這就是「讀書雖好，有夢更好」這一說法的來歷。德國心理學家斯科特·巴里·考夫曼認為，如果要把「智慧」一詞重新進行定義，就應當將想像力添加進去。

⊖ 勞逸結合，享受閒暇時光

有人曾以開車來比喻用腦，那麼，日常的思索就是在擁堵的城市道路中開車，目的明確，壓力爆棚；而做白日夢則相當於去地廣人稀的郊區自駕遊，心情愉悅，效率極高。所以，我們不要總是把自己的日程表排得滿滿當當，不妨給自己留上一段小憩放空的時間，縱容自己天馬行空地胡思亂想。而這樣隨心所欲的腦力活動不但能夠稍作休息，減少壓力，還會令人神清氣爽。

⊖ 發散思維，點燃頭腦風暴

日復一日的工作和生活中，我們總會漸漸地形成思維定式，在自己心裏生出局限，畫上條條框框。其實，這是很禁錮思維和損

害想像力的做法，會妨礙我們選擇最科學適當的解決之道。所以，每當你遇到瓶頸和難解的謎題時，可以盡量漫無邊際地異想天開，有譜的、沒譜的都可以瞎聯想。這種頭腦風暴的形式會令我們的思維無限發散，並在諸多的亂象中理出一條清晰的思路，找到破解問題的最優途徑。同時，發散的思考方法會有效減輕我們的心理負擔與困擾煩躁，令我們在閒適的心情中辦好正事，充滿幸福感地將難題解決掉。

➊ 大膽創新，累積奇思妙想

中規中矩的生活最擅長僵化人們的思想，扼殺自我想像力。所以，我們要不斷地挑戰生活常規，找尋平凡生活裏的樂趣與新鮮感。比如，閒暇時放下手機、離開電視電腦，捧一本視角新奇的書閱讀，會讓我們收穫一種全然不同的思想；在上下班途中，時不時地穿行一些大街小巷，更換不同的行走路線，看看路旁迥異的風景與人情，能夠為我們一成不變的生活帶來一縷新鮮。此外，平時也可以玩一玩填字遊戲、魔方、華容道等益智類遊戲；可以隨心所欲地想到甚麼就立刻動身去做，給自己設計沒有既定的驚喜；空閒下來可以培養一些畫畫、唱歌、朗讀一類的表達性愛好，為生活平添幾分樂趣。用這些突發奇想的不確定性，來激發自己的想像力，增加情趣。

一定要保持
充足的睡眠

據中國睡眠研究會的一項調查顯示，在中國，高達 38.2% 的成年人曾患過失眠；40% 的成年人在最近的一個月內精神萎靡，白天打盹。隨着現代人生活壓力的不斷增大，睡不醒、睡不夠成了大多數上班族最大的苦惱。原來，我們真的弄丟了自己的睡眠！

⊝ 利用紓緩音樂助眠

如果我們一個晚上沒有休息好的話，即使再用十個晚上的充足睡眠也補不回來。**高質量的睡眠其實就是人體自我修復與調節的過程，能夠令我們神清氣爽，恢復元氣。**一般來說，成年人每天應保證 7 至 8 個小時的充足睡眠；最晚睡覺時間不能超過晚上 11 點，並於清晨 5 至 7 點之間睡足 8 小時後起床，從而使人體細胞得到徹底的休整。所以，我們必須建立起良好的作息習慣，這相當於培養了一個健康的睡眠生物鐘。睡覺之前，我們應避免劇烈運動，也不要使自己的精神過於緊張，心情過於興奮，應採用右側臥、較為鬆弛自如的睡姿。可以試着聽一些單調的、有節奏感的聲響，如火車平穩運行時的聲音、蟋蟀的叫聲、滴水的聲音，也可以循環播放一些紓緩輕柔的純眠音樂或催眠音樂。聽的時候要注意調小音量，最好聽起來有一種若有若無的感覺，以此建立誘導睡眠的條件反射。然後，放空思想，將自己的全部注意力用來捕捉耳邊的輕柔之聲，如此，大概只需播放幾首曲子的間隙，你就會甜然沉睡，輕鬆入眠。

⊖ 利用香薰療法助眠

　　好的睡眠就像充電一樣，能夠給身體帶來一整天的充沛精力；而長期睡眠質量較差，則會加速腦細胞的衰竭，令人精神不濟。吃得再好都不如睡上一個好覺。為了讓自己更容易地入睡，首先要保持睡房內空氣的流通與清新，並設定一個適宜的濕度與溫度；睡前梳幾次頭，以頭皮發熱為宜；用溫水洗腳或者泡個熱水澡，促進全身的血液循環，可令你盡快入眠；經常晾曬被褥寢具，保持睡衣、內衣與床鋪的清潔、乾燥、舒適。可以點燃一盞香薰燈，注入幾滴玫瑰、柑橘、薰衣草或者薄荷精油，放鬆心情，鬆弛緊繃的肌肉；還可以將有紓緩功效的噴霧均勻噴在臉上，並用紙巾輕輕壓乾，補充肌膚水分，令身心紓緩；如果因為過度疲勞而一時難以入睡，可以起身吃上一兩片蘋果、香蕉、橙、梨等，或者在床頭擺放一些類似的水果，這類水果散發的芳香能夠有效地鎮靜神經系統，抑制大腦皮質的活動。

⊖ 利用催眠美食助眠

　　睡覺前不宜吃得過飽，但也不能餓着肚子，可以少量地吃一些小點心，避免因為過於饑餓而無法入睡。雞肉、香蕉、熱牛奶、中草藥茶一類的食物都能夠起到助眠的作用；但一定要避免喝茶、蘇打水以及含有咖啡因的飲料，可以稍微喝一點紅酒；雪糕、糖果、巧克力、酒精、紅肉等都會讓人難以入眠，或者頻發噩夢。晚餐時，應嚴格遵循「77」原則，即晚上 7 點前（或至少睡前 3 小時）進食，以輕淡菜餚為主，只吃 7 分飽；不吃辣椒、大蒜、洋蔥等辛辣刺激之物，避免高油、高鹽食物與蛋糕；用餐後不要立刻上床睡覺，要稍加走動、消化一下，否則也會影響睡眠質量。

方法 80 請放聲大喊

心理學家認為，人在遭受挫折時，會產生很多負面情緒，長期壓抑和克制這類情緒會對身心造成嚴重的危害；此時，採取適當的方式進行合理發洩是一種更為科學的做法。所以，**奔跑到無人處，放聲大喊大叫，無疑是一種合理的發洩，能夠有效地放鬆心情。**

⊝ 在嘈雜的場所裏放聲大喊

焦慮纏身的時候，我們可以約上幾個好友一起去唱 K 放鬆。唱一兩首搖滾曲，跟着音樂搖擺身體，在隔音良好的包廂裏放肆地吼上兩嗓子，不失為一種宣洩壓力的好方法；電視劇裏常會出現男女主角尾隨着地鐵、列車，一邊奔跑一邊哭喊的畫面，其實如果操作得當，我們也可以把它照搬到自己的生活裏，心頭充斥着小小的浪漫情懷，這的確是一種可行的發洩途徑……總之，相比在寂靜無人的角落舔舐傷口，在人聲嘈雜的地方趁亂偷偷地喊上兩嗓子，不但能夠排解壓力，還會生出一種惡作劇般的小得意，能夠讓心情很快明朗起來。

⊝ 在大自然中放聲大喊

在廣西南寧市，常會舉行一種叫作「喊山」的大型趣味比賽，「喊山」將戶外登山與放聲吶喊有機結合起來，吸引眾多擁躉，成為深受人們喜愛的減壓放鬆方式。要知道，總是待在家裏，壓抑和沮喪的情緒就會愈積愈多。邁出腳步，清清爽爽地去就近的公園、草地走一走，參加一些戶外活動，努力讓身體動起來，會更好地釋放壓力。週末和節假日裏，我們更可以犒賞一下自己，去山水秀麗的僻靜之處遠足或者郊遊。可以對着開闊的大山喊出自己的煩惱，可以去海邊嘶吼並聆聽海風的回應，這樣一來，不但伸展了筋骨，鍛煉了身體，同時還陶冶了身心，紓緩了情緒。

此外，開懷大笑也是一種愉快有效的發洩方式，讓自己的房間充滿明快、活躍的色調，吃點美味小吃，回憶一些搞笑的陳年舊事，泡一個熱水澡……都能很好地化解鬱氣，調節心理，令我們平和心情，恢復元氣，輕裝上陣，重新回歸跌宕起伏的生活。

Chapter 9

改善交際的
情緒調節法

留下完美第一印象

所謂第一印象，就是指雙方第一次見面時，在最初的幾秒鐘內通過觀察對方的衣着、外貌、言談、舉止等外在形象所得出的印象，也就是心理學上常說的「首因效應」。這短短的幾秒鐘，會對人們的日常交際與工作進展起到「一局定輸贏」的決定性影響。那麼，怎樣才能給對方留下完美的第一印象呢？

⊖ 微笑是最好的名片

心理學家認為，面相、體態、談吐、衣着等特徵，能夠在一定程度上反映出個人的自信與修養。但當我們在這些方面都不盡完美的時候，最好的做法就是保持你的微笑。**笑容是世界上最美的面部表情，也是最有效的交際語言，一個真誠坦然的微笑，能夠融化堅冰、祛除偏見。**即使你長得不美、衣着也沒有那麼考究、學識不甚淵博，也不擅長高談闊論；但只要擁有發自內心的溫暖微笑，你的真實和善就會通過對方的眼睛一直傳遞到他的心靈。你的笑容會讓對方心情舒暢，莫名地與你親近起來，在增加你的個人魅力的同時，給對方留下深刻的第一印象。當然，微笑一定要源自心靈深處，強笑、苦笑和皮笑肉不笑只能嚇跑想要過來與你攀談的人；同時，微笑是最為得體的，不分場合地哈哈大笑只會令你顯得唐突無禮，平時最好有意識地對着鏡子練習一下露出八顆牙齒的標準式微笑。

⊝ 坦蕩自如，放鬆心情

在與人初次見面時，太過隨意當然是不好的，因為你不經意間做了甚麼、說了甚麼，自己也許還沒怎麼意識到；但說者無意聽者有心，你的一舉一動其實已經給對方留下了一個或好或壞的印象。要知道，真正的社交高手都懂得因時制宜、因地制宜、因人而異，在不同的場合有收放自如的表現。所以，我們在不過分隨意的同時，也要注意不要太過拘謹，一方面保持自我本色，另一方面也要表現得輕鬆自如。如此，不但會給人留下一個有禮有節的好印象，還會令對方感覺輕鬆自在。即使暫時達不到「泰山崩於前而面色不改」的水平，也要盡量保持淡定，從容自如。還可以時不時地來一點小幽默，能夠給人留下冷靜穩重、樂觀積極的印象，並由此對你好感飆升、信心大增。

⊝ 重視衣着與妝容

不論做甚麼事情，擁有一個端正的態度是最重要的。既然你已經決定要出席，就一定要以最好的自己站在那裏。我們的衣服可以不是名牌，可以不是嶄新的，但一定要得體合身，整潔如新。面試一類的場合一定要穿正裝、略施粉黛，這不只是讓自己變得更美，同時也會增加你的自信，更是一種最基本的禮貌；參加宴會就穿上小禮服，戶外運動當然要換好運動衣，合宜得當的衣着打扮是一眼望去最為直觀的印象，要想為自己加分，就一定要在衣着與妝容上多花一些心思。此外，舉止神態也是非常重要的，眼睛直勾勾地盯着對方、面無表情地聽人家講話，甚至摳鼻子、挖耳朵、整理衣服、小動作不斷，無疑是極易引起對方反感的，這些都是社交場上的禁區。我們要表現自然，不迴避對方的目光；在說話時，用含笑柔和的目光顧及在座的每一個人，這才能顯出你的落落大方與見多識廣。

方法 82 學會巧妙自嘲

在生活中，我們難免會遇到一些突發情況：盛情難卻、突發事件、尷尬場面、遭遇挑釁、受到圍攻，等等。此時，我們不應驚慌失措，也不能愣在原地，學會巧妙地自嘲並將其運用得恰到好處，就能夠幫你應對類似的緊急狀況，有效地緩解和沖淡尷尬的氣氛。**適當的自嘲能夠將一場危機轉化為一陣會心的笑聲，並充分展現出你優秀的應變能力與非凡的口才，令大家感受到你的人格魅力，並對你心生好感。**那麼，怎樣才能利用巧妙的自嘲化解尷尬，扭轉局面呢？

⊖ 拿自己無傷大雅的短處開玩笑

我們首先必須明確一點，自嘲並不是自我貶低和輕賤自己，反而是一種自信和智慧的充分體現。作為一種重要的交際手段，巧妙的自嘲能夠有效地化解尷尬，令當事人重歸輕鬆自在。我們可以拿自己成長過程中的一些趣事、糗事來打趣，可以詼諧、幽默地介紹自己的性格、脾氣、小缺點和小嗜好，也可以輕描淡寫地談起曾經遇到過的有驚無險的故事以及從中得到的經驗教訓，這些很生活化的「隱私」都可以拿來打趣，並被講述得高潮迭起、輕鬆有趣。

⊝ 順理成章地將話題引向自己

自嘲固然是一種緩解尷尬的必殺技，可以説手到擒來，屢試不爽。但即使是靈丹妙藥也不可亂吃亂用，生搬硬套、不知所云的自嘲只會令場面更加尷尬。所以，在陷入尷尬時，我們應該審時度勢，看當時的情況是否能夠自然地、不露痕跡地將槍口對準自己。如果時機恰到好處，就會收穫奇效；如果不合時宜，那麼寧肯閉嘴也不要生搬硬套，説一些不着邊際的所謂幽默之語。不然的話，即使對方出於禮貌而勉強擠出兩聲乾笑，內心深處也只會更加輕視於你。

⊝ 懂得把握分寸與尺度

當然，拿自己的糗事開刀，一定要把握好尺度分寸。一味自輕、自辱只會讓自己出醜，你要記住，我們的目的不是妄自菲薄，也不是嘩眾取寵，而是利用自嘲這種表達工具來贏得人們的喜愛與尊重。所以，自嘲當相機而用，適可而止，它也具有自身的局限性。比如在悲傷的人群中，在莊嚴肅穆的場合都不宜使用詼諧自嘲，否則會弄巧成拙。同時，自嘲起來也不要喋喋不休，一味地把挖苦自己當成一件樂事來做，永遠記得這不過是一種交往中的輔助手段，過分濫用會給人留下玩世不恭、油腔滑調的壞印象。要知道，在人際交往中，真實與誠懇始終是最重要的。

幽默
必不可少

　　愛爾蘭劇作家蕭伯納曾說過這樣一段發人深省的話：「沒有幽默感的語言是篇公文，沒有幽默感的人是尊雕像，沒有幽默感的家庭是家旅店，而沒有幽默感的社會則是無法想像的。」充分肯定了幽默對於生活的重要性。

　　用幽默調侃自己，略顯誇大又不失機智的自圓其說，是生活中的情趣與點綴，是一種咀嚼人生之後的大境界。它恰如一劑沖淡失望與悲觀的熱湯藥，微苦卻蕩漾着一股獨特的香氣；又如一張增進人際親密與友善的雙面膠，牽住了原本素不相識的你我他。正是幽默，教會了我們應當如何直面紛繁複雜、跌宕起伏的人生。

⊖ 寬以待人，要開得起玩笑

　　幽默是一種融合了酸甜苦辣鹹、嘗盡了人間百味之後的機智詼諧。我們可以用幽默的語言調侃他人，同時，也要接得住對方回贈過來的調侃。如果只允許你拿別人尋開心，人家一旦回應點甚麼，你就立刻變了臉色，或者完全不知道該如何接話，反而冷了場，讓大家都陷入尷尬。幽默就要有來有往，這樣才能增進感情，加強交流溝通，營造歡樂融洽的氣氛。

⊖ 渾身是戲，舉手投足都是幽默

　　有人遺憾地說，我口才太差，沒甚麼幽默細胞。其實，幽默也不一定就是嘴皮子上的功夫，是從身體的每一個小動作裏投射出來

的搞笑。這充分說明，幽默並不局限於有聲語言，身體語言和話語結合起來的幽默，效果會更好。

⊖ 善意調侃，掌握好分寸尺度

一般說來，自嘲的幽默最為實用，通過繪聲繪色地描述自己的一些小糗事，來拉近與對方的距離，對於事情的發展大有裨益。當然，我們有時也會對其他人進行些許調侃，此時，就一定要注意用詞和火候，不要脫口而出，不慎傷人。明明是一句有口無心的幽默之語，最終卻給自己帶來麻煩，惹下禍端。所以，我們一定要懷揣善意，拿捏尺度，斟酌語句，因時而異，因地而異，盡量避開誤會的陷阱，只為大家帶來毫無負擔的歡樂。

幽默不只是滑稽，也不是單純的玩笑，而是一種豁達的人生態度，是一根點石成金的魔法棒。為生活增加一點小幽默，人們就會拋開思想上的包袱；為生活增加一點小幽默，生活中的憂心煩惱就會很快雲開霧散；為生活增加一點小幽默，逗樂了別人的同時，自己也會跟着開心起來。幽默讓人生的旅途笑聲陣陣，讓我們的生活意趣盎然。

與對方擁有
共同的秘密

　　無論是在工作中，還是在日常生活中，有勇氣曝光自己、袒露自己內心想法的人總是更受人尊敬。他們的這種胸襟和氣度，往往可以獲得對方的理解、同情與認可，能夠有效地提高人際交往的成功效率，與其他人拉近關係，贏得好感。當然，每個人心中都有一片只屬自己的秘密花園，自我暴露並不是愈多愈好，而是需要掌握以下技巧。

⊖ 自我暴露要遵循對等原則

　　根據心理學上的相互性原則，交往雙方的自我暴露程度應該是趨同的。單方面暴露得太多，會引起對方的焦慮與慌亂；暴露得太少，則會讓對方心生不滿，認為你根本沒有誠意。如此，正確的做法是要把握好自我暴露的程度與頻率，力求雙方一致，公平對等。這樣會更利於與其他人建立一種穩定和諧的交往關係。

⊖ 自我暴露應當恰如其分

　　無論兩個人有多親密，總該保留一點自己的小秘密。畢竟每個人心裏都會有底線和禁區，不願意其他人貿然地闖進來。在與他人交往的過程中，我們也要牢記「害人之心不可有，防人之心不可無」的古訓，不要毫無保留地向對方坦露一切，尤其是不要向心懷不軌之人暴露太多。這些都需要我們有一雙識人的慧眼，能夠看透人心，看清人性。

 自我暴露必須循序漸進

一鍋好粥當得小火慢熬，一杯香茶還需細細品味，真正的友誼更要經得起時間的考驗。在與他人相處中，應當逐漸信任和依靠對方，由淺入深，慢慢地擴大自己的暴露面。試想，一個剛認識沒幾天的陌生人突然跑來向你傾訴衷腸，你會怎麼想？不是懷疑他另有企圖，就是認為這個人不正常，反而會與之疏遠。所以，我們要遵循「量變引起質變」的自然法則，相信時間能夠帶來長久的友誼，不斷地累積才能覓得知音。

與對方擁有共同的秘密，當然能夠增進雙方的親密度，但人與人之間多多少少總會有些戒備與隔閡，我們不要奢望一蹴而就的友情，而應懂得細水長流。**讓時間為我們營造一個和諧、友好的社交環境，令自己在人際交往中更加得心應手，游刃有餘。**

偶欠人情可以拉近距離

老前輩常常告誡我們：「欠甚麼也不能欠人情！」因為人情這東西，是説不清道不明的，天知道怎樣才能還得清。在他們口中，彷彿欠人情就是個雷池，是個禁區，是絕對不可逾越和觸碰的領域；彷彿欠了人情，友情、親情也就從此走到了盡頭。

其實，欠人情並沒有傳説中的那麼可怕。在不斷累積人生經驗之後，我們漸漸發現，偶欠人情不但不會「友盡」，反而還可能會拉近彼此之間的距離。比如你幫老同學辦了一件事情，對方便會心生感激，過意不去，平常總是會叫你出來聚聚，逢年過節也會登門拜訪。這樣一來，原本冷冷淡淡的同學關係，一下子變得熱絡起來，一點舉手之勞的小事，你幫襯我一把，我提攜你一下，就在這樣的你來我往之間，雙方的友情會變得愈發深厚。當然，**我們一定要注意欠人情的程度和分寸，不要強人所難，不要三番五次，更不能涉及原則性、法律性的問題。**照顧到以上這些方面，再對人情債這個媒介善加運用，才能真正達到拉近彼此關係的目的。

⊖ 要有內容的選擇

除尺度上的考量之外，我們還要做到心中有數，到底甚麼樣的人情是可以欠的，甚麼樣的人情債卻堅決不能背。首先，欠人情債的雙方要有一定的相互了解，對於作奸犯科的惡人來説，即使是再小的忙也不能幫；其次，欠人情債的雙方必須是善意的，具有長期良性交往的目的。試想，如果對方幫助你以後，就立刻算計着你該

怎樣報答他，成天把「要不是當初我幫了你，你會有今天」這樣的話掛在嘴邊；那麼，一旦背上這種人情債，你或許就一輩子也還不完了。

⊝ 要有良性的互動

欠了人情之後，不要有甚麼心理障礙，也不要感覺難為情。每個人難免都會有需要別人幫上一把的時候，你只要多留心、多注意，有來有往地報答對方就好了。有些人因為欠了人情，覺得磨不開面子，馬上銷聲匿跡或者乾脆「躲得遠遠的」，這種做法當然不可取，會有「忘恩負義」的嫌疑。出來混，遲早是要還的，欠了人情，就應當及時報答和補償。別人對你關心照顧過，你也要相應地做出表示，通過其他方式與對方達成良性互動。否則，人家會覺得你在故意躲着他，這樣一來，不但不會拉近關係，反而會令彼此心生嫌隙。

處處要給別人留面子

委婉地指出對方的錯誤，委婉含蓄的語言既能夠表達清楚自己的意思，又給了對方一個台階，能夠在不失原則的基礎上，不傷和氣地解決問題，避免形成僵局。畢竟「打人不打臉，罵人不揭短」。每個人都很看重面子，有些人甚至會把面子的問題上升到尊嚴的高度，在人前被駁了面子，無異於被人當眾打臉。所以，當我們實在有話不吐不快時，也不要輕率地脫口而出，不給對方留情面。而要斟酌語句，最好是先揚後抑，或者採用幽默詼諧的打趣語氣表達出自己的看法，並且點到即止，絕不過多糾纏。

⊝ 真誠地說出拒絕的理由

我們常會遇見類似的情況，朋友請求你做一些事，而這件事並不合乎情理，或者已經超出了你的能力範圍。此時，你是違心地答應下來，然後死撐着絞盡腦汁想辦，還是直截了當地拒絕他呢？這時，你就要做到既不為難自己，又不傷及朋友的面子。在拒絕對方時，一定要真誠，顯示出自己的左右為難；千萬不要在對方話音未落時就立即拒絕、迅速反駁，更不能諷刺挖苦、瞧不起人。應該先表明自己的心情，真的很想幫到對方，然後一五一十地說明拒絕的具體原因，不語義含混，也不刻意隱瞞，令對方心生疑竇。這樣一來，既顧及對方的自尊心，又坦誠地講出自己的難處；既不會勉強自己，又給對方留足了面子，傷害不到彼此之間的交情。

⊝ 把握好分寸尺度

有時候，你好心好意給別人留面子，卻被大家冠以「老油條」、「有心機」的標籤，此時，你當然會心生委屈。但同時，也要暗暗地警醒自己，是不是過分濫用了處處留面子的技巧，顯得過於圓滑和不誠懇。要知道，過猶不及，千萬不要做得太明顯，那樣反而會給人留下負面印象，令對方對你產生防備心理。給人留面子也像那個「刺蝟取暖」的心理實驗一樣，要注意把握好一種「心理距離效應」，太近則彼此傷害，太遠則欠缺溫情，過之則厭煩，遜之則陌生，必須拿捏好其中的那個「度」。

長路漫漫，世事沉浮，話到嘴邊留三分，才能令彼此的關係長久。 想讓自己的路愈走愈寬，不妨細細體會留面子的妙處，如此，方為參得人生三昧。

避免發生
正面衝突

面對一個不理智的人，避免正面衝突的做法無疑是正確而有效的，因為正面交鋒並不能真正地解決問題。**逞強好勝不可能消除誤會**，想要在激烈的爭論中改變別人的看法，也幾乎是不可能的。倒不如等雙方都冷靜下來之後，再進行分析與探討。

控制情緒，以退為進。在感覺自己的情緒過於激動時，不妨臨時找個小藉口，退出「戰場」；或者找點其他的事情做，轉移一下自己的注意力。發現朋友言行過激時，不要逞一時之強，與其爭論不休，最終傷了和氣。可以告誡自己保持冷靜，學會忍讓，容朋友先說完，避開對方的鋒芒。等朋友完全表達出自己的觀點後，再委婉地說明自己的看法，或者暫時擱置爭議，改日再談。

善用幽默，避其鋒芒。與朋友發生衝突時，大家都會礙於面子，誰也不肯先服輸，硬生生地僵持下去。這種時候，最好用一些幽默詼諧的調侃或者自嘲來沖淡濃厚的火藥味，令窘迫的境況恢復如常。這相當於給了大家一個台階下，彼此相視一笑，也就恢復了理智，泯去了恩仇，既避免了正面衝突，又制止了一場「自家人不認自家人」的鬧劇。

寬以待人，加強修養。自我修養高的人明顯更加善於自我控制，在面對衝突時，能夠保持更好的耐心與定力，有效化解危機場面。所以，我們要不斷加強自身修養，磨礪寬廣的胸懷，嚴於律己，寬以待人。如此，在不愉快發生的時候，才能淡泊以對，用不卑不亢的態度來寬容別人。

善於讚賞
取悦人心

美國心理學家威廉‧詹姆斯説：「人類本性最深的企圖之一是期望被讚美、欽佩、尊重。」恰如其分地讚賞別人，肯定對方的做法和長處，就可能為自己贏得友誼。同時，**讚揚又是一門高深的藝術，並不是每個人都擅長的。刻意恭維會令人生厭，逢場作戲也只會換來聽而不聞。**

即使確實是發自內心的讚美，一旦你沒有説到對方的心上，也很可能得不到積極的回應，使你的一番心意付諸東流。那麼，如何才能令你的讚美之詞更加打動人心呢？

⊖ 找準切入點，引起感情共鳴

一定要細心觀察，通過審視對方的穿着打扮、年紀神情、言談舉止等細節，推斷對方的性格愛好；然後投其所好，迅速切入，找準雙方共鳴的觸發點。此外，表揚必須要有針對性，有明確的事實依據，內容具體，細節生動。太過抽象的表揚，往往會流於形式，就如一句陳詞濫調，不會被人放在心上；與之相反，讚美的話語愈具體，説明你愈關注和了解對方，愈顯出你的真誠和中肯。但具體的表揚需要敏鋭的認知和歸納能力，要從具體的事件入手，發掘對方的優點和潛質。這樣的讚美一定會給對方帶來驚喜，拉近彼此的心理距離。

⊝ 拿捏時間點,彰顯獨特之處

　　鮮花和掌聲簇擁之中的人,怎麼會在乎多一句肯定?只有身處逆境的人,才會珍惜別人鼓勵的眼神;因此,「雪中送炭」的表揚更為可貴。對於那些表現平平,還未走出人生低谷的人,我們的一句輕聲讚美、一個溫暖的微笑、一個加油的動作,都會給他送來無盡的勉勵。也許他會從此奮起直追,苦盡甘來也說不定。一切正像丘吉爾的那句名言:「你想要人家有怎樣的優點,那就怎樣去讚美他吧!」那麼,對於那些身邊不絕讚美之聲的人,我們又該怎樣讚美呢?一定要做到在第一時間給予肯定和讚美。發現對方的優點就及時加以肯定,對方取得成績後立刻在第一時間給予讚揚。如此,對方會因為自己的努力迅速被人發現,而感覺受到了重視,並且備受鼓舞。相反,那些姍姍來遲的讚美,就像一杯放涼了的清茶,即使還有餘香,也已經幾不可聞了。

⊝ 觸及感動點,力求以誠服人

　　讚美的話必須是發自肺腑的,真誠的溝通才會令對方真的感動。在讚美對方時,首先,必須確有其事,必須以客觀的事實為依據;其次,必須確有必要,必須有充分的理由前去讚美,唐突冒失地送出讚美,只會令對方感到費解,在莫名其妙中增強防範與戒心;最後,必須確有誠意,必須注意說話的語氣和表達的方法,力求親切誠懇,引發對方情感上的共鳴。要知道,一切虛偽的附和都將原形畢露,以誠相待才是引發共鳴的前提。

走出孤僻，
釋放熱情

> 很多人看起來神情冷漠，對外界漠不關心，給人以一種冷冰冰的感覺，其實他們的內心一樣是火熱的。對於其所表現出來的這種「拒人於千里之外」的感覺並非自願，而是因為自己的性格內向、孤僻使然。曾經，也想過試着向別人伸出友誼之手，卻要麼是不知該如何開始，要麼是用力過猛反而顯得更加奇怪，就這樣，多次嘗試之後，最終還是黯然放棄。這種被冷落和孤立的感覺，是多麼不甘心，卻又是多麼令人無力！那麼，如何才能在與人相處時揭掉「孤僻古怪」的標籤，表現出自己熱情友好、適度得體的一面呢？這無疑是人際交往中極為重要的一課。

　　熱情卻又嚴謹守禮。待人熱情可以拉近雙方的距離，讓人感到溫暖舒心、真誠愉悅，有一種賓至如歸的感覺。但在我們的日常交往中，並不是只要擁有無盡的熱情就萬事大吉了，那種不分場合、毫無分寸的熱情，反而會令局面變得尷尬。比如，在接待客人的飯桌上，如果主人不停地給客人夾菜，大嗓門兒地招呼客人喝酒，就很有可能令客人感到無奈。假如人家已經吃飽了，或者根本不喜歡這道菜，或者嫌棄主人用個人的筷子夾菜時，你夾過去的菜，對方是吃還是不吃呢？這的確會令客人陷入兩難的境地。飯畢，也許主人覺得充分表達了自己的熱情好客，客人卻會感覺不舒服，簡直就是受到了一場驚嚇。那麼，我們該如何適度地表現自己的熱情呢？有禮有節！對於初次見面的朋友，你當然需要提前做足功課，充分

了解對方的民族風俗、個人好惡、飲食習慣等。這樣一來，在接下來的相處中，你就能做到心中有數，有的放矢，按照禮節尺度循序漸進，不自以為是，不交淺言深，以火候剛剛好的熱情來待客。如此，既體現了自己的風度和修養，又令對方心生敬佩與信任，為你加上大大的印象分。

熱情卻又真誠適度。**熱情有度可以說是一門不小的學問。要做到既熱情又禮貌、既真誠又適度，其中的空間感和分寸感，還是需要好好揣摩和把握的。**於熱情，會令人無暇應對，陷入尷尬；過於節制，又會顯得有距離感，讓人渾身不自在。其實，要做到二者兼顧並沒有想像中的那麼難，我們只需要細心觀察，會意體貼就好了。比如，在用餐時，如果看到客人餘光掃向某種菜品，我們就可以不動聲色地將這道菜轉到他的面前，而無須大聲嚷嚷着「吃菜吃菜」；在談話中，如果發現客人有些困倦或者煩躁，就閉上嘴巴，及時告辭，給對方留下獨處和休息的時間；在交往中，與對方保持一定的肢體距離，既禮貌得體又給對方留足心理上的自我空間……這樣就會讓對方有安全感，有一種既不拘束又不受制於人的舒適感。這種熱情才是真正的關心有度、舉止有度，才會令對方感到舒心又親切。

熱情卻又自我節制。也許我們急於表現自己的熱情，想要毫無保留地把自己展示給對方看，想要把自己的喜悅之情大聲地表達或者表現出來。但畢竟我們不能只顧宣洩自己的情感，還要考慮一下對方的心理接受程度。當我們有情緒時，不要無所顧忌地和盤托出，也無須隱而不發，默默忍耐，而應有表露、有抑制，管理好澎湃的情緒，做情緒的主人。在情緒的波動變化中，我們要學會讓自己收放自如，既表露出「我很歡迎你，願意親近你」的友好信號，又恰到好處，應對得體。

方法 90 揚長避短，增加自信

運用積極的暗示來欣賞和鼓勵自己。心理學家認為，如果你長期堅持某種信念，這種信念就會進入你的潛意識，激發自身潛能來推動事態發展，令該信念成為現實。要想讓必勝的信念深入己心，就可以在日常生活中多給自己一些積極正面的心理暗示。時常對自己説：「我很棒」、「我不怕」、「我能行」，給自己注入正能量，鬥志昂揚地迎接每一天的挑戰。此外，我們還要學會肯定和欣賞自己。要在不斷尋找自身優點的同時，接受自己的不完美，揚長避短，挖掘自身潛力。馬雲的長相是公認的不可恭維，但他一直有着滿滿的自信：「男人的長相和他的才華是成反比的！」這種自我欣賞與自重自愛，無疑會換來其他人的尊重與敬佩。

通過不斷的學習來完善和昇華自己。「自信人生二百年，會當擊水三千里。」自信應該建立在真才實學、真本事加身的基礎之上，過分盲目的自信就成了一種自負。我們要精益求精，不斷追求卓越與進步，靠不懈的努力學習來給自己充電，持續汲取養分，穩步提升和充實自己。既充實自己的專業技能，又完善自己的世界觀、人生觀、思想意識與精神境界，一直奮起直追，增強個人的綜合競爭力。真正的自信來源於個人的內涵和能力，只有通過持續學習，才能快速累積自己成功的砝碼和信心。

憑藉永不言敗的決心來磨礪和強化自己。這個世界上，有成功就會有失敗，從來就沒有甚麼成王敗寇之説，因為你不可能永遠成功，更不會一直失敗。所以，不要被小小的失敗羈絆住腳步，反而

要將失敗化為繼續前進的不竭動力，付出更多的努力，從頭再來。生命的美妙之處，就在於無窮的、未知的變數。不要退縮，不要沮喪，更不要絕望，失敗只是在引導你盡快找到成功的路。**即使我們屢戰屢敗，人生也沒有虛度和空留遺憾；即使我們失敗了一千次，也一定會在第一千零一次的地方，擁抱成功。**

Chapter 10

擁抱愛情的
情緒調節法

健康的人才是最美的

　　愛情、金錢、美色、地位……即使一切都只是虛空，你的健康卻始終真真正正地屬你自己。健康對於每一個人來說都是至關重要的。唯有健康才能孕育美好，才能讓人活出一世的美麗，它就是人一生中最真實確定的財富。如果你想要擁有美好的生活，想要擁有浪漫的愛情，那麼，在做所有這一切之前，你必須首先擁有一個健康的身體，否則就算有再多的福分擺在你面前，也會無福消受。所以，**我們必須善待自己，重視健康，減少身體的損耗，延緩生命的衰老，我們才會擁有真正的美麗，我們人生的財富才會一天天地增長與積聚。**

⊝ 放寬心態最健康

　　微笑是世界上最美的表情。建立一個良好的處世心態，就能令我們擁有積極向上的精神風貌，放下煩惱，笑對生活，當然會更有利於健康。一位百歲長者說過：「不圖名、不圖利、不着急、不生氣，就能活個大年紀。」可見，健康和長壽都離不開豁達坦蕩的心態，離不開淡泊名利、難得糊塗的處世哲學。反觀那些凡事斤斤計較、處處較真的人，經常會敗給高血壓、胃潰瘍、神經衰弱等情緒疾病，最終賠上寶貴的健康與幸福。正如英國教育學家斯賓塞所說，良好的健康狀況和由之而來的愉快情緒是幸福的最好資本。所以，我們一定要培養自己開心、無憂的好心態，灑脫一點，糊塗一點，學會自愚和自嘲，才是人生大智慧。可以試着在辦公室裏擺

上幾盆花草，養上一缸水中游魚，會給人帶來寧靜祥和的感受。此外，廣交朋友、培養愛好、與書同行、堅持運動，都能促進我們的身心健康。

 規律生活最健康

生命的真正延續與綻放，源於健康有序的生活。吃一頓營養早餐似乎已經成了老生常談的話題。有許多研究認為，一頓優質的早餐能夠激活一天的腦力，令人思維敏捷，反應靈活，顯著提高做事效率；並且常吃早餐的人更不容易發胖，記憶力也會更為出色。規律作息也是眾所周知的健康常識，每天在晚上 11:00 之前入睡並保持 7 小時以上的良好睡眠，能夠保證身體的正常排毒與新陳代謝。每天快走 20-30 分鐘，也能使人精力充沛，充滿快樂與自信。此外，壓力是致病的一大因素。我們不要只顧忙於工作，要學會勞逸結合，適當娛樂，在工作之外開展一些興趣愛好，放鬆一下緊張的身心。此外，與伴侶、親友的傾心交談也是預防與減緩心臟病的靈丹妙藥，每天與家人說說心事、聊聊天，這種親密的關係能夠有效提高機體的免疫力與抵抗力。

俄國作家車爾尼雪夫斯基說，生命是美麗的，對人來說，美麗不可能與人體正常發育和人體的健康分開。「健康才是人生的第一財富」，唯有身心健康的人，才能擁有完美的愛情，擁抱最美的人生。

一定要
愛自己

> 有人說道：「我們的生命就像這塊石頭一樣，在不同的境遇下有着不同的價值、不同的意義。一塊不怎麼起眼的石頭，也能由於你的惜售而不斷提升價值，甚至被傳為稀世珍寶。那麼，一個活生生的人又當怎樣呢？難道不正像這塊石頭一樣，只要看重自己，愛自己，珍惜自己，生命就會具有非凡的意義。」

也許你沒有優越的家境，沒有絕世的美貌，沒有滿腹的才學，也沒有過人的心智，但畢竟你是這世上獨一無二的，塵世間除你之外，就再沒有任何一個人能夠取代和替換你自己。在浩瀚的時間長河中，無數次歷史的偶遇與命運的碰撞才培育並造就了我們，這樣獨特而個性鮮明的自己，正是生命的一個奇蹟，怎會無法獲得真正的愛情，怎會不值得我們去愛，去珍惜？記住要好好愛自己！

➔ 愛自己，就不妄自菲薄

不論我們是高還是矮、是美還是醜、是聰明還是愚鈍、是健康還是殘疾，都應當胸襟坦蕩，放手去愛，無比慶幸，心存感激。所以，我們首先要學會用欣賞的眼光看待自己，坦然地正視並承認自己的不足與缺失，但依舊相信自己、高看自己、鼓舞自己。我們唯有懂得自尊、自愛、自強，才能迎頭遇見更美好的愛情，遇見更完美的自己。

⊖ 愛自己，就不盲目膨脹

　　高看自己，並不是放浪形骸，任憑自己志得意滿、輕狂忘形。著名畫家徐悲鴻說：「人不可有傲氣，但不可無傲骨。」講得正是自信與自滿之間這種失之毫厘、謬以千里的距離。真正愛自己的人，會為自己的長遠發展而詳細規劃和設想，而正因為着眼長遠，才會更加願意謹慎踏實地走好腳下的每一步。老舍說：「驕傲自滿是我們的一座可怕的陷阱，而且，這個陷阱是我們自己親手挖掘的。」一旦陷入自我膨脹的陷阱，你的人生就只剩下原地踏步與作繭自縛，再努力地踮起腳尖，也不會看到遠方的朝陽與黎明。所以，我們一定要把握好自信的尺度，不驕縱、不輕狂，等待愛、守護愛，並且老老實實地低下頭去，打好根基，不斷汲取供應我們長成參天大樹的資本與養分，志存高遠、心向遠方卻依舊謙虛勤學、謹言慎行。

⊖ 愛自己，就不自我孤立

　　珍惜自己，當然要看重自己，肯定自己存在的價值和意義。在尚未被人們肯定與認可之前，我們會為自己喝彩，鼓勵自己堅持走下去。但前進的路並不一定要在淒風苦雨中踽踽獨行，一路走來，幾多坎坷，我們需要有伴侶、家人、朋友陪在身邊，我們渴望他們的慰藉、關懷與愛護。因此，**在善待自己的同時，我們更應該多付出愛，擔起應盡的一份責任，尊重整個世界，珍愛每一個人。**沒有集體歸屬感的人，不會真正找到屬自己的位置；不能接納別人的人，也不會真正地接納自己。所以，愛自己，就從愛對方開始，精心地擁抱愛情，關愛你身邊更多的人。以一顆仁愛之心處世，拿得起、放得下，學會體諒，寬以待人。如此，我們的心頭才會多一抹陽光，我們的事業才會多一股助力，我們的愛情才會少一份孤獨

寂寞。

　　天地這麼大，再渺小的人，也應該愛與被愛，也應該發出自己的光芒，喊出自己的聲音。我們必須努力打拼出屬自己的一片天空，找到通往愛情的路。人生本就是殘缺的，唯有懂得愛自己的人，才會洞悉生命的真諦。

腹有詩書氣自華

> 柏拉圖説：「理性是靈魂中最高貴的因素。」睿智的女性有着自己特有的護身符，她們能夠時刻保持清醒的頭腦和足夠的理智，無論在甚麼樣的困境下，都會為自己準備好退路，保有一世安穩。腹有詩書氣自華，有才學、有見地的女人才會擁有更長久、更美好的愛情；理性聰慧的女子，才能成為愛情的主人。

讀書增進學識。有才華就當然需要有知識、有文化，因此，我們一定要積極上進，注重學習，多看書、多累積，不斷拓寬眼界與格局。「書中自有黃金屋，書中自有顏如玉」，讀書不但可以提升內涵、陶冶情操，還能令我們受人尊敬，更具人格魅力與吸引力。一個滿腹詩書的人，一個博聞強識的人，當然要比無知粗俗的人更受大家歡迎。不過，讀書時也要有所選擇、有所揚棄，可以去讀一些經濟理財、行政管理、商業貿易類的實用性比較強的書籍，以此提高自己的管理水平與業務能力；更加值得我們反覆揣摩的，是那些老祖宗的瑰寶，修身齊家、正心治世，不斷延伸我們靈魂的深度與廣度。自己也可以時不時地寫一些心得體會、散文、詩歌、雜文之類的小文章，提升和歷練自己的修養內涵與文字功底。

拓展興趣特長。才華也並不是多麼高不可及的概念，有自己的特色，有一技之長，有一份扎實的手藝就是才華橫溢。「三百六十行也有三百六十才」，在工作之餘，我們還要努力培養自己的興趣。可以探尋一下瑜伽、太極一類的修身養性之道，也可以學習一

些琴、棋、書、畫之類的雅致特長，這些不但能夠逐步提高自己的鑑賞能力和知識眼界，還能在潛移默化間改變自己的氣質和意韵品位。此外，學習一些音樂方面的知識，學一點樂器演奏，多唱唱歌、跳跳舞，能夠有效地緩解生活壓力，陶冶自己的情操，營造一種多才多藝的格調生活。

提升氣度閱歷。有才華的女人就像一部內涵豐富的書，有知識、有思想、有見解，散發着無窮的魅力，引人深究與探索。她會令你不忍釋卷，反覆誦讀，溫故知新，愈讀愈有滋味。而才華正是一種人生閱歷、個性累積的體現。要使自己氣度高華，身姿坦然，就要始終保持進取的態度，不放鬆對自己的要求，不斷從生活中汲取養分。通過向名人高士、專家學者學習，向身邊的先進榜樣學習，來努力提升和完善自己，增進水平與能力。同時，我們不但要自我飽滿，令自己才氣滿腹，更要使這種才能轉化為一種能夠付諸實踐的推動力，為社會、為公司、為家庭做出一份應有的貢獻，勤勉履職、忠誠積極、氣質高雅、溫和自信。

有人說，理性在人生活品質中的位置，離智慧最近。而理性的光輝多是來自卓爾不凡的才華和光芒四射的能力。對於一名普普通通的女性來說，出身無法選擇，容貌也無法選擇，但我們還可以選擇自己前行的姿勢，選擇要過甚麼樣的生活。**想要日子過得平凡幸福、有滋有味，就得擁有人生的智慧和高雅的格局，用不懈的自我修煉來換取此生的愛與圓滿。**

付出真誠才能得到真誠

> 想要找到真誠長久的愛情，你必須先保證自己願意付出真心。兩顆心之間的碰撞，更需要真誠地付出，才能奏響和諧幸福的最強音。

不長不短的人生旅途中，不知會有多少人與我們擦肩而過，即使有幸相識，也只是淺淺地打個招呼或者同行上一小段，不做過多的停留。只有那些命中注定的人，才肯一直留在我們身邊，與我們相知、相惜、相愛、相伴。何其寶貴，我們能夠在茫茫人海中找到這樣一份妙不可言的緣分！何其有幸，在多變的人生際遇中擁有一份不變的摯愛與深情。命運詭譎，世事無常，這樣難得的緣起、緣續、緣定，是天意，更是福分。既然如此，我們還要甚麼怯懦，要甚麼提防，勇敢地拿出你的真誠，用一顆熾熱的心去愛你所愛，與你的伴侶惺惺相惜，互相依偎着取暖療傷。

付出你的真誠，就會換回信任。你的坦蕩會收穫尊重；你的真心會得到報償。反之，帶着猜忌、懷疑、戒備之心伴侶，對方能給你的，也只有一堵密不透風的牆和一顆漸行漸遠的心。

付出你的真誠，就會換回包容。深陷在愛裏的人，會更加純潔而高尚：你理解他、支持他；你為他高興、為他擔憂；你不求回報、不計較得失；只要在愛裏，你就有無盡的滿足。對方體會到你無私的愛，也會加倍地欣賞與感激，並由此有了更廣博的胸襟，包容你的一切，愛上你的所有。

　　付出你的真誠，就會換回真誠。鋼鐵森林的喧囂城市中，名利和浮華漸漸迷惑了世人的心。即使生活在一個屋檐下，每日裏同進同出，我們依然無法確定，對方是否帶着無形的面具。但當你首先表現自己的誠意，不掩飾、不遮蓋，捧出一顆透明的心。對方必然會被你的純潔率真所俘虜，被你的開闊坦蕩所征服，褪下最後一點自私，最後一點虛偽。無論是施愛者還是被愛者，只要將自己的真心融在日常的一舉一動、一言一行之中，身邊的人體會到了你最真誠的心動和最真切的溫柔，愛就會無限甜蜜地生長、蔓延、開花、結果。

　　真誠的熱度足以融化人世間所有的冰冷。感謝這一生遇到你，陪着我體驗生命，走過人生的風雨，撫慰我的傷痛，感受我的歡喜。令我明白，付出真心不一定會得到愛，但不付出真心一定不會得到愛。

擁有一顆
感恩的心

> 泰戈爾説：「愛是理解的別名。」花花世界中，永遠有很多陰差陽錯、抱憾終身的事情，如果你不想辜負真正愛你的人，不想被事物的表像蒙蔽了雙眼，就一定要擁有一顆通透而感恩的心。

我們感恩擁有熾熱的愛，感恩那個闖進我們的生命，帶給我們美麗與哀愁的人。正是他給了我們畢生珍視的回憶，那些快樂時的分享、孤寂時的慰藉、憂傷時的關切、寒冷時的體溫……都是這一生最可貴的饋贈與財富，值得我們千百次地回想、體會。

有人説，幸福就像天燈，放手了才會永恆；有人説，幸福就像詩行，爬滿了苦難的人生；我説，幸福就是有你，就算轉瞬即逝、轉眼褪色，依舊是那麼鮮活迷人；我説，幸福就是有你，你就是我等的緣分。唯願不求回報地深深去愛你，整個人，整顆心。

收斂嫉妒之心

德國詩人海涅說：「失寵和嫉妒曾經使天神墮落。」、「嫉妒是心靈的野草，它妨礙健康的思想生成。」、「嫉妒是一種軟弱的傲慢，應當受到鄙視。」

有人就此反駁，愛可以讓一個人瘋狂，可以讓一個人墮落，愛情本身就是排他的，是一種自私的感情。可也有人說，愛是神聖的，甚至可以創造奇蹟，戰勝一切。正如《聖經》上記載的那樣：「愛是恆久忍耐，又有恩慈；愛是不嫉妒，愛是不自誇，不張狂，不作害羞的事，不計算人的惡，不喜歡不義，只喜歡真理；凡事包容，凡事相信，凡事盼望，凡事忍耐；愛是永不止息。」人們口中不斷索求的情感，那不是愛，而是佔有。愛正像一眼美好純潔的甘泉，流過人的心田，人就由庸俗變得高尚，由平凡變得偉大。愛是只想付出，不問收穫，在真正的愛裏，沒有貪婪與嫉妒，只有關懷與給予。

◯ 愛是信任

沉浸在愛裏的人，尤其要保持一顆平靜和睦的心，如果連最起碼的信任都沒有，那還談甚麼深摯誠懇的愛情。我們不需要時時刻刻都與對方黏在一起，更不需要一旦分開，就不問時間、場合地要求對方報備，這樣反覆拉扯和身心束縛的感覺，其實只是一種狹隘的佔有慾。**愛應該讓人輕鬆愉悅，幸福和美，卸下厚厚的心防，給彼此以最舒服的生活狀態，這就是擁有幸福人生的秘訣。**

⊖ 愛是包容

在生活中，很多事並不如我們所想像的那樣，遇到一些可疑的事，不要過早下結論，不要急着往最壞的方向延伸，只有努力保持客觀、理智，才能盡早地了解真相、解決問題。不能被嫉妒心沖昏頭腦，不要任憑一時衝動毀了自己的幸福，就像故事中的這對夫妻一樣，見到自己的影子就開始疑神疑鬼，吵鬧糾纏，甚至動起手來，大傷感情。即使真的有甚麼過失存在，我們也應心懷包容，盡量去理解，盡量去原諒。否則，一直這樣斤斤計較下去，必會陷入一場曠日持久、令人身心俱疲的愛恨糾葛之中。

⊖ 愛是付出

有一句話叫「我愛你，與你何干」，愛雖然並不是一個人的事情，但真的需要每個人的傾心付出。最真的愛不計較你要的多還是我給的少，最真的愛就是一種自發的照顧與關心，不需要太多甜言蜜語、海誓山盟，只看重實實在在、點點滴滴的行動。愛是平實，愛是堅定，愛是內心深處的信賴與依靠，愛就是不計較回報，只管付出你的所有。

堅持不挑剔的生活

諷刺、挑剔、潑冷水,這可不算甚麼忠言逆耳,反而是説者只逞一時口舌之快,聽者卻一次次寒了心。人心都是肉長的,即使再愛一個人,又能夠抵擋住幾次心涼、承受住幾次心傷?最遺憾的是,挑剔的人通常很少認為那是自己的短處,反而會因為所謂的「直率」而引以為傲,沾沾自喜。這樣一來,自我認知、克制與改進的可能性就降到了底。可他們不知道的是,人們對待挑剔的態度無非有兩種:挑剔回去,或者不再與之交心。而這兩種都會令雙方生疏冷漠,漸行漸遠。張愛玲曾説:「愛的相反不是恨,而是冷漠。」這種冷漠,正是愛情慢性致死的一大元兇。所以,我們不要對愛情過於苛刻,你當懂得,「人非聖賢,孰能無過」。

⊖ 不挑剔他的缺點

他不是這世上最完美的,從你愛他的第一天起,你就清楚地知道這個事實。但你還是無怨無悔地選擇了愛他,這是為甚麼?因為你知道,自己對他的愛已經超越了這些表面的東西,你愛的是他這個人,是包括一切缺點和優點在內的一個整體。既然如此,為甚麼還不停止你的挑剔?

⊖ 不挑剔他的過去

愛是因為相互欣賞而開始的,也需要更多寬容、理解、調整和適應才能夠攜手共度一生。也許你們邂逅在遲到的遇見,也許你們

都有過一段不堪回首的傷心往事，不管是出於甚麼樣的心境，為彼此沒有相遇之前的過往而糾結，都是一件極為不明智的事情。再深摯的緣分，再甜蜜的愛情，也經不起反覆的質疑與追問。所以，別再翻開一些陳年舊賬，何必苦苦去追尋一個原本不需要的答案，愛就在這裏，愛就是了。

⊖ 不挑剔他的能力

真正的愛能夠超越世俗，超越一切。當愛情漸濃時，會在潛移默化中雜糅進親情、友情，變得複雜深邃並且堅不可摧。你們逐漸成了對方生命中的一部分，無論雙方的出身、學歷、地位、發展如何，都要無條件地彼此接納，拿出更多的真心、寬容與理解。「看看人家老公……」以這樣的開頭展開的話，可以說傷人又傷己，百害而無一利。每個人都有不同的生活，沒必要去貪慕虛榮。你們因為彼此心動而相戀，因為互相依賴而走入婚姻，並將因為相互扶持而走完長長的一生，這才是最重要的一件事情。

世上本就不存在完美的人，更不存在完美的婚姻。堅持不挑剔的生活，有點小毛病的伴侶才更真實親切，滿是包容與理解的婚姻才更接近幸福。

學會
察言觀色

身邊常看到年輕小情侶，對外人時，女的細心體貼，男的彬彬有禮，一旦兩個人獨處時，就會各種強勢、各種任性、各種甩臉子、各種毫不留情。即使這勉強算作真正意義上的愛情，也只是一種不完整的、幼稚的愛情。一個真正陷入愛情的人，會更關心和留意對方的舉止與反應，從而不斷對自己做出調整，令自己更加成熟和完美。

─ 學會察言觀色，適時調整自己的言行

感覺伴侶下班回來後心情很差，就給他更多的溫言呵護與悉心體貼；閒聊之時看到伴侶神情有異了，就自覺謹言慎行，避免激化矛盾；伴侶眉開眼笑時，就多些調侃與逗弄；伴侶愁雲密布時，就小心行事，貼心照顧，給他恢復元氣的時間；有時可以肆無忌憚地撒嬌、使性子、耍無賴；有時就得注意別惹他不高興，不說逆耳的話，不做出格的事，幫他褪去愁容。

─ 學會察言觀色，體察對方的回應

如果一直是一方謹小慎微，而另一方趾高氣揚，那並不是正常的愛情。愛裏的察言觀色應該是雙方的、互相的，是心有靈犀並心懷感激的，需要有來有往，有施與、有回應。除直覺敏銳之外，我們還要進行理性的推理、判斷，不要總把事情往最壞的方向聯想，不要老是一個人疑神疑鬼，而要在對方有所回應、有所緩解之後，

與他坦誠交談，積極化解負面情緒。

⊖ 學會察言觀色，從生活的細微之處做起

言辭、表情和眼神都能讓我們一窺伴侶的內心和真實想法，很多時候，不同的衣着、坐姿、手勢也會不知不覺地替主人發出聲音。要知道，善聽弦外之音是「察言」的關鍵所在，而「觀色」則猶如看天氣，最應關注對方的「眼色」與「臉色」。這些可不是甚麼人際交往的策略和技巧，而是真正出自於愛，發自於內心。

人生苦短，相處的時光總是有限而珍貴，我們何必要把自己的性格缺陷一一放大了甩給自己愛的人。學會察言觀色，把最多的耐心、細緻與溫柔留給關懷照顧我們最多的家人。

説話時保持思考的姿勢

> 換位思考是一種思維方法，站在對方的角度上考慮問題，當然會更容易增進理解、有效溝通。而一旦我們具備了這種觀念，就會有意識地在説話時保持思考的姿勢，思前想後，斟酌語句。所以，在日常生活中，我們在與伴侶、親友交談時，要有意識地培養和訓練自己，適當潤色又不失真情實意，不說過頭的話，不出口傷人，管住自己的嘴，避免禍從口出。

思考不是拐彎抹角。有人説，我一向説話直來直去，不愛整那些彎彎繞，更何況是與自己的家人在一起。其實，這種説話習慣説到底還是優點大於缺點的。但我們應該明白，即使再親密的伴侶，也各有自己的內心世界，有自己的臉面自尊。在你冒失地説一些不中聽的話時，即使對方明白你是出於好意，也難免心生不快、留下疙瘩，甚至引起糾紛。況且，我們倡導先思考後説話，並不是讓彼此在開口之前添甚麼心思、耍甚麼花招，而是為了更好地趨利避害，從伴侶可能做出的反應出發，避免妨礙交流，影響家庭氣氛。也就是説，在我們張嘴講話之前，最好先掂量一下這些話出口以後，會給伴侶帶來甚麼樣的印象，產生甚麼樣的影響，這種影響會不會令對方產生困擾與誤解，並由此心生芥蒂；同時，對自己的語氣、用詞進行二次推敲，也能夠避免由於聲調過高、語義不明給對方造成的傷害與刺激。「世事洞明皆學問，人情練達即文章」，即使是對於自己的伴侶，當你不是出於坦誠而根本就是因為想得少而

貿然出口的時候，倒還不如適當來點「拐彎抹角」。

思考不是巧言令色。子曰：「巧言令色，鮮矣仁。」明確反對花言巧語、工於辭令、空談浮言、心口不一的人和事。不過，孔子還談過自己的交友原則：「侍於君子有三愆：言未及之而言謂之躁，言及之而不言謂之隱，未見顏色而言謂之瞽。」批駁那些不了解對方內心想甚麼就隨便說的人，不懂為人處世，太沒眼色。而這種說話前的思索打量、察言觀色就是慎言，「好其言，善其色」從某種程度上來講，還是很有必要的。在與伴侶相處時，我們當然不必口吐蓮花，逞甚麼口舌之利，但仍要稍微注意一下伴侶的心思、情緒，照顧一下對方的感受，在表達時多加注意，把話盡量說得好聽一些。這樣，聽的人覺得順耳，聽得進去，自己也沒有白費口舌，兩個人你歡我笑，輕鬆受益。既解決了問題，又增進了感情，一舉兩得，何樂而不為呢？

思考不是安於沉默。同樣的意思，學會換一種更容易被人接受的表達方法，不貪圖一時的口舌之快，借用一句禪語來說，不知造了多少口業。當我們養成了說話前先過腦子的習慣，換位思考就變作一種自然而然的能力，令你能對很多事情做更深入的領會與解讀，令你的為人處世更加開闊成熟，這樣的你當然更值得信賴，更令伴侶欽佩與追隨。夫妻齊心，其利斷金，還有甚麼事情能夠難得住你呢？所以，「三思而後行」總歸沒有錯，但謹言慎行可不是教我們故作深沉，終日沉默，與之相反，正因為自己說的話總能討得伴侶歡喜，哪怕是委婉的批評與指摘，對方也肯入耳入心，欣然接受，兩個人之間會更加無話不談，相處融洽。正如蘇聯作家溫·卡維林所說，推心置腹的談話就是心靈的展示。伴侶之間的坦誠相見，只會令愛情恆久流傳、歷久彌堅。

說出去的話，正如潑出去的水，說話時保持思考的姿勢，能夠幫我們把說錯話的概率降到最低。思考是一種習慣，是每個人一生

中的重要品質。培養自己「先思考、後說話」的講話習慣，不但能維繫你的家庭與愛情，也能令大家更喜歡你，在談生意、交朋友、做事業時都會增添很多助力。智者，思而後言；愚者，先言而後思，在張口之前先用心思考，定能令你受益終身。

沒有甚麼
不能寬恕

沒人能夠輕易地刪去一段刻骨銘心的記憶，但一樣沒人能夠說清，真的愛情，到底是該遺忘還是該惦念。很多人會把每次戀愛當作最後一次，所以好好地愛，即使是吵架也要很快和好；她說，喜歡一個人不容易，所以，即使是已過去，也不用忘記。因為喜歡一個人太難，也因為喜歡一個想要共渡一輩子的人更難。所以，愛情是個難題，更是個謎題，我們唯一知道的是，為了愛情，我們可以多一份付出，多一份寬恕。

99

寬恕生活中的小失誤。真正的愛情不只是你儂我儂、情意纏綿這麼簡單，在愛意漸濃時，傾心愛你所愛的人；在風波驟起時，更要懂得寬恕與愛護。生活總是狀況頻出，愛情從不溫暾如水，愛情其實像牙齒，要長出來的時候癢，連根拔起的時候疼。而愛裏的煎熬和誤會一點也不比它的甜蜜少。他總是粗心大意地忘掉重要的紀念日、一次又一次地把家裏搞得亂七八糟、抱着電腦顧不上與你談心、為了應酬喝得爛醉如泥……這些都讓你心煩，給你添堵，你想狠狠地罵他一頓，同他大吵一架。這些都可以理解，但你要知道，愛一個人更重要的是陪伴、體貼和尊重，相互幫助、相互扶持、彼此勉勵、同甘共苦。同樣是一天光陰，為甚麼非要大喊大叫？同樣的一顆心，為甚麼卻要充斥着煩惱？不如以慈悲心去包容對方，以更理智的方法去感念轉化。尤其不要一直想着去改變對方，這會令雙方都很痛苦困擾。不如充分理解和信任你的伴侶，給他一些獨立

的時間和空間；不如倍加珍惜與伴侶相伴的機會，與他安安穩穩地走過人生的每一段旅程。

以恕己之心恕人。《增廣賢文》有云：「以責人之心責己，以恕己之心恕人。」人們總會無數次地原諒和放縱自己，那麼，請你也以同樣的體諒對待別人。泰戈爾説：「我像一隻迷途的鳥被捕獲。當我的心顫抖，它丟掉了面紗，赤裸裸呈現出來。用憐憫遮住它吧，我的愛人，請寬恕我的愛。」從我們把彼此的心交到對方手上的那一刻起，我們的生命才變得更加充實與完整。對此，我們要心存感激，是他陪我們一起走過人生的風雨泥濘，是他讓我們變得勇敢堅韌。所以，當他因為誤會或者其他原因對你叫嚷時，不要急着惱羞成怒，展開唇槍舌劍，如果你能愛人如己，拿出一顆寬容理解的心，設身處地地為對方想一想，就能耐心細緻地梳理開那些絆住幸福的瑣碎事情。此時，你的包容與理解就會讓對方感覺收穫了自由，受到了尊重，同時對你心懷一種虧欠與負疚，而這種情緒會轉化成源源不斷的愛與補償。在愛情裏，我們需要像這樣互相虧欠，它對於自己的伴侶來説，就是另一種催化劑與責任感。

對方頻頻觸及底線時，你能寬恕幾次？在愛情裏的個人空間，是一件很難把握的事。要的太多，擠壓對方的空間，很容易累積不快、產生分歧，甚至爆發戰爭；放得太多，干涉過少，又可能令對方肆意放縱、放浪形骸。我們不妨把自己逼到絕境，問問自己的心：當他頻頻觸及你底線的時候，你能寬恕嗎？如果能，你能寬恕幾次？這實在是一個難以回答的問題。事情未發生前，我們會有各種睿智狡黠的辦法。但當變故真的降臨，我們甚至會徹底傻掉，全線崩潰，心一次次地破碎，又勸着自己再一次次地黏合，人一次次地絕望，又一次次萌生希望，你想要忘記，想要假裝一切都不存在，但你做不到，那些惡毒的言語在你心裏翻滾，那種巨大的悲痛令你麻木成了行屍走肉，此時的你，又當怎樣做？有人説，愛情不能強

求，既然得不到，就不如成全、放手，況且他已經不配擁有你的愛。也有人說：「人非聖賢孰能無過。」人性向來多面，有崇高也有齷齪，有善良也有卑鄙，有良知也有盲目。人的一生中，會遇到很多過不去的關卡，可一旦克服，就會海闊天空；如果輕言放棄，你就永遠得不到愛情。沒有甚麼事是過不去的，索性看開、看淡，把一切交給時間。其實，能不能寬恕，這是一個再主觀不過的問題。你當反覆拷問自己，如果心裏十分清醒冷靜，卻依然無法捨棄，那麼就試著去面對、去接受、去處理，努力放下，靜靜地遺忘過去；如果你根本過不了自己這道坎兒，那就不要再多費思量，索性放開他，也是放開你自己，沒有甚麼人是無法忘記的，離開他，向前走，你的生活會有一萬種可能。不管怎樣，你當洞悉了解，你的妥協，不該留給一個隨心所欲的他；你的退讓，不是縱容他得寸進尺，不是要看到他不停地背叛與不停地要求原諒。這種事情，經歷一次就夠了，因為他根本不配擁有你的寬容與理解，不值得你饒恕與原諒。

　　有一種偉大，叫作寬恕；有一種微笑，叫作成全。我們渴望愛情，信仰愛情，但這種信仰應該給我們以光明，而不是碾壓和摧殘我們的意志。**永遠記得，沒有甚麼不能寬恕，但你的每一分寬恕，都要給值得的人**；你的每一分寬恕，不是要讓生活更加支離破碎，而是要點燃勇氣，注滿力量，開啟更加多姿多彩的人生遠航。

100種
情緒控制
方法

Control Emotion in 100 Ways

郭英 著 京師心智 組編

責任編輯
李穎宜

裝幀設計
鍾啟善

排版
楊詠雯

出版者
萬里機構出版有限公司
香港北角英皇道 499 號北角工業大廈 20 樓
電話：2564 7511　　傳真：2565 5539
電郵：info@wanlibk.com
網址：http://www.wanlibk.com
　　　http://www.facebook.com/wanlibk

發行者
香港聯合書刊物流有限公司
香港荃灣德士古道 220-248 號
荃灣工業中心 16 樓
電話：2150 2100　　傳真：2407 3062
電郵：info@suplogistics.com.hk

承印者
中華商務彩色印刷有限公司
香港新界大埔汀麗路 36 號

出版日期
二〇二一年一月第一次印刷
二〇二四年六月第三次印刷

規格
大 32 開（210 mm × 142 mm）

版權所有·不准翻印
All rights reserved.
Copyright ©2024 Wan Li Book Company Limited.
Published in Hong Kong, China.
Printed in China.
ISBN 978-962-14-7315-8

中文繁體字版的出版，由中國法制出版社有限公司正式授權，經由
CA-LINK International LLC 代理，由萬里機構出版有限公司出版中文
繁體字版本。非經書面同意，不得以任何形式任意重製、轉載。